MW00761823

Cómo hacer
triunfadores
a los hijos

Desarróllelos integralmente

Luis Hazel N.

Cómo hacer
triunfadores
a los hijos

Desarróllelos integralmente

Editorial Época, S.A. de C.V.
Emperadores 185
Col. Portales
C.P. 03300 México, D. F.

Cómo hacer triunfadores a los hijos
Luis Hazel N.

© Derechos reservados 2008
© Editorial Época, S.A. de C.V.
Emperadores No. 185
C.P. 03300 — México, D.F.
E-mail: edesa2004@prodigy.net.mx
Tels: 56049046
      56049072

ISBN: 970627676-9
      9789706276769

Impreso en México — *Printed in Mexico*

Introducción

Uno de los mayores anhelos de los padres es tener hijos capaces de triunfar en la vida, en todos los ámbitos que la constituyen: profesional, económico, social, cultural y espiritual. Es un anhelo encomiable, justo y necesario.

¿Cómo pueden los padres convertir este singular y escurridizo anhelo en hermosa y satisfactoria realidad? Esta responsabilidad no se realiza automáticamente con el transcurso del tiempo. Los hijos dejados a su propio arbitrio no se convierten repentinamente en personas que reciben una corona de laurel o una medalla de oro cuando sean mayores de edad.

Hace unos siglos un famoso pensador griego dijo: "Lo único permanente es que vivimos un mundo de cambios". ¿Qué paradoja verdad? El mundo que nos ha tocado vivir es uno en que todo cambia a una velocidad que difícilmente podemos alcanzar. Las formas de comprar, producir, organizarnos para lograr el éxito, distribuir, promocionar y vender están cambiando permanentemente y cada vez a una velocidad mayor.

Probablemente la respuesta principal a tanto cambio sea el impresionante avance de la tecnología, en especial dos actividades: la informática y las telecomunicaciones. Pero ¿cómo preparar a nuestros hijos para que puedan ser mejores ciudadanos del mundo?

Debemos preparar a nuestros hijos para el mundo del futuro, no el mundo de nuestros padres ni el nuestro. En este mundo actual lo determinante para triunfar será el carácter, no exactamente el conocimiento, como muchos pudiéramos creer. Tener temple, salir de fracasos adecuadamente, hacer de los fracasos un desafío y no una tragedia.

Le sugerimos que abra las páginas de este libro para comprobar la utilidad y eficacia de esta obra en la delicada, difícil e ineludible responsabilidad de formar hijos triunfadores.

Buenos cimientos

Un hijo forjará carácter si percibe claramente la autoridad de los padres. Con presencia de autoridad los niños y jóvenes a su vez actuarán con autoridad para resolver sus problemas; actuarán por determinaciones. Sin presencia de autoridad nuestros hijos serán débiles de carácter y actuarán por impulsos con los consecuentes problemas de adaptación.

¿Exceso de autoridad? Siempre será mejor exceso que falta de autoridad. El límite de autoridad lo pone la siguiente regla: "La autoridad no debe humillar". Básicamente lo que es el niño o el joven hoy será el adulto del mañana. De vez en cuando hay que mirar al hijo como un adulto potencial.

¿Queremos que nuestros hijos no sufran? Entonces hay que prepararlos para sufrir. No podemos estarles evitando todo el tiempo todo posible sufrimiento ¿si no cuándo aprenderán? Deben comprender la muerte, los problemas de la vida, los problemas en el trato de sus congéneres. No debemos resolverles todos los problemas, hay que ayudarlos a que poco a poco los resuelvan ellos mismos. Nadie logra metas exitosas y duraderas sin un poco de sufrimiento. ¿Alguien imagina a un campeón de atletismo que no sufra para lograr sus marcas? Eso se aplica a todo tipo de campeón y a todo tipo de actividad. Siempre hay que pensar que, en parte, no queremos que ellos sufran para no sufrir nosotros, pero les hacemos un daño con miras al futuro.

Hay que enseñarles a hacer esfuerzos suplementarios. Que sepan que siempre se puede un poquito más. Recuerda que nadie recoge su cosecha sin sembrar muchas semillas y abonar mucha tierra.

Es muy importante enseñarles a carecer, es decir a "sentir la falta de" y arreglárselas por sí mismos. Hay chicos que no juegan su deporte si no tienen zapatillas de "marca". Si no aprendes a carecer no aprendes a arreglártelas. Aunque tengamos para darles el 100%, los chicos deben saber el valor de las cosas. Si no lo hacen de chicos, les será muy difícil de adultos y allí sí que van a sufrir y nosotros también con ellos. ¿Cómo les enseñamos a carecer? ¡Dándoles un poquito menos de lo que necesitan! ¡No hay otra manera! Si no ¿cómo sienten la falta de? Así aprenden a apreciar lo que tienen. Aprenden a no ser ingratos. Aprenden a gozar de la vida porque muchas veces se goza en las cosas sencillas. Aprenden a no ser quejosos.

Una excelente escuela para aprender a carecer (sin morir en el intento) es la mesa del hogar, la comida. ¿Qué debemos darles de comer? ¡Lo que nosotros decidamos que es bueno para ellos! Es no sólo por su bien estomacal, sino que es una excelente forma de que aprendan a carecer, que no sean ingratos, que no sean quejosos.

También hay que educarlos en el servicio. Una familia normal es un equipo de trabajo con pocas tareas:

tender la cama, limpiar los cuartos, lavar los platos, pintar la casa, etc. Hay que educarlos para que realicen labores de hogar, aunque lo hagan mal al principio. Si no hacen este tipo de servicios luego tendrán problemas. Las escuelas más importantes de liderazgo del mundo enseñan a los jóvenes a carecer, para que sepan y entiendan el mundo y lo puedan liderar.

¿Dinero? Que sean una cantidad fija, más bien, semanal y algo menos de lo que creen que necesitan. Así aprenden a administrarlo. Claro que se deben aceptar excepciones, pero conversadas serenamente.

Construyamos hijos luchadores, no debiluchos sobreprotegidos. Que se superen a sí mismos. Que tomen los problemas como desafíos para mejorar. Recuerden que nadie alcanza altura con un solo vuelo. También hay que ilusionarlos con ideales, metas futuras, sueños para que sean buenos de corazón. Importante también es estar convencidos de que triunfador no equivale a tener "dinero o propiedades", triunfadores son aquellos que son felices con lo que hacen, con su vida. Solamente así podrán hacer felices a otros. Y "triunfadores" no equivale a solamente tener dinero.

Deben ser felices con lo que hacen, con su vida. Solamente así podrán hacer felices a otros. Para los padres: no se apasionen con las calificaciones de la escuela; 16 de los 20 mayores empresarios del siglo XX fueron malos en el colegio o no lo terminaron. Tuvieron carácter templado. Los hijos con carácter templado, conocimiento del carecer, educados en el servicio y plenos de amor e ilusiones serán hijos triunfadores.

Los padres tenemos la gran responsabilidad de criar hijos que transformen nuestro país, en uno donde reine la libertad, la abundancia, la justicia y sobre todo la felicidad.

La libertad de amar no es menos sagrada que la libertad de pensar.

Hábitos, actitudes y valores

Señalo con más frecuencia y fuerza el acierto que los errores.

Espero de mis hijos actitudes y virtudes que yo soy el primero en practicar.

No me aprovecho de que soy el padre para mandar a mis hijos a asuntos personales.

Facilito las actividades de mis hijos; antes que mis comodidades debo asegurarme de su desarrollo.

Nunca me dejo llevar por preferencias y simpatías al evaluar, elogiar o castigar el comportamiento de mis hijos.

Jamás utilizo mis privilegios de ser padre para lograr beneficios y ventajas personales.

A los más torpes de mis hijos les mando cosas difíciles, y si fallan, los entreno personalmente en la forma de lograr éxitos y aciertos.

Cuando mis hijos causan problemas o se portan mal, busco el motivo de su conducta.

Dejo en libertad a mis hijos para que estudien y trabajen sin esfuerzos desmedidos.

Acepto sugerencias y opiniones de mis hijos sobre cómo hacer mejor las cosas, en cualquier aspecto de la vida.

Me es fácil reconocer mis errores.

Escucho sus opiniones; generalmente evito imponer lo que pienso, aunque yo crea que es lo mejor.

Participo con mis hijos en eventos familiares o sociales, "aunque sean una lata".

Evito presionar a los menos capaces y, muchas veces, los dejo que hagan las cosas como ellos creen que las deben hacer.

Cuando doy órdenes prefiero explicar mis razones para darlas.

Utilizo mi influencia personal de líder más que mi autoridad formal como "jefe" o "padre".

Me es muy fácil pedir perdón cuando hiero u ofendo a mis hijos.

Nunca soy con ellos irónico ni burlón por ningún motivo.

Nunca utilizo comparaciones humillantes para resaltar o castigar conductas de mis hijos.

Evito siempre enojarme con ellos cuando se equivocan y nunca les retiro mi afecto ni mis caricias.

Evito por sistema recurrir a los golpes o a los castigos físicos.

Evito castigarlos en forma injusta y frecuente.

Evito insultarlos con ira y coraje, sobre todo cuando no hacen lo que yo ordeno.

Les permito manifestar sus emociones de miedo, llanto, tristeza, dolor.

Les profetizo que les va a ir muy bien en la vida con ese carácter y esas cualidades que tienen.

Los diez mandamientos
de la educación

Corregir a los hijos no es insultarlos ni humillados.

Regañarlos no es gritarles ni proyectar sobre ellos sentimientos de temor y culpa exagerados.

Ordenar no es suplicar con tono lastimero, ni sugerir; a veces hay que sugerir respetando la autonomía. Otras, hay que ordenar, pero con claridad y sin confusión entre una y otra.

Mandar no significa atropellar; debe considerarse la capacidad del hijo, sus propias limitaciones y las ocasiones en que, a pesar de haber puesto todo su esfuerzo, el resultado no se obtuvo por causas ajenas.

Rectificar no es claudicar; si reconocemos como padres que nos equivocamos, saber rectificar e, incluso, ofrecer una disculpa, no significa una abdicación del deber de ejercer la autoridad.

Mantener clara, en la práctica, la distinción entre un error y una falla. Un error no ha de ser nunca censurado ni castigado: sólo analizado para obtener el beneficio de la experiencia. Una falta ha de ser, en cambio, reprendida como una debilidad que deberá ser superada.

Premiar y reprender con serenidad, nunca con alteración ni con exceso.

Premiar siempre con medida y no necesariamente con beneficios o ventajas materiales sino con el merecido reconocimiento. Reprender siempre con serenidad, justicia y brevedad, sin alargar innecesariamente las escenas desagradables que convierten la corrección en ineficaz recriminación.

Autoestima y respeto

La autoestima en los hijos puede, en la mayoría de los casos, mejorarse con un control de los padres.

En una casa con padres de autoestima alta, los hijos observarán que los integrantes de la familia desarrollan su propio potencial; verán los retos como algo cotidiano y natural y los errores se interpretarán como oportunidades de aprendizaje y no como fracasos que los llenen de culpabilidad. Si a un hijo se le corrige con cariño y somos capaces de fundamentar su necesidad, los hijos suelen aprender mucho de los fallos. Es importante aclarar que para el desarrollo de una buena autoestima son importantes los límites y la disciplina; los límites deben ser precisos, adecuados y claros, los cuales se deben hacer con respeto, firmeza, delicadeza y amor; la disciplina se debe dar de la mejor manera sin necesidad de llegar a que el niño tenga miedo.

En una casa de autoestima baja, los hijos observarán que los integrantes de la familia no se valoran a sí mismos, cada vez que tienen algún problema esperan que otras personas se lo resuelvan, tienen miedo al fracaso. Los niños difícilmente podrán desarrollar su autoestima, debido a que no existirá estimulación en su hogar, siendo éste el principal entorno para elevar su autoestima.

Sugerencias

Desarrollar la responsabilidad del niño, darle la oportunidad al niño de participar en el desarrollo de tareas a manera de aprendizaje, en un ambiente cálido, procurando siempre incentivarlo en forma positiva.

Darle la oportunidad para tomar decisiones y resolver pequeños problemas; darle la confianza necesaria para que el niño se desenvuelva sacando a relucir sus capacidades y habilidades.

Reforzar positivamente las conductas, ser claro y concreto por alguna labor que ha realizado el niño. Siempre debemos alabar su comportamiento en forma específica. Por ejemplo: si el niño arregló su ropa, le dirás: "Qué ordenada dejaste tu ropa, gracias por ayudarme".

Establecer una autodisciplina poniendo límites claros, enseñarle a predecir las consecuencias de su conducta. Por ejemplo se le puede decir que si no ordena sus juguetes después de terminar de jugar no verá televisión, y si no lo hace no se le debe dejar ver televisión aunque sea su programa favorito.

Enseñarles a resolver adecuadamente el conflicto, enseñarles a que deben aprender de sus errores y faltas como algo positivo, que servirá para que no se vuelva a cometer los mismos errores.

No usar palabras despectivas cuando se corrija al niño. Por ejemplo, se le puede decir: "no me gusta que dejes tus juguetes por todas partes, eso me disgusta". No usar palabras como: "eres un cochino, desastre, desordenado", entre otras palabras que pueden llevar a que el niño sienta que es así. Eso contribuiría a disminuir su autoestima.

Respetar a los hijos

Esperamos que nuestros hijos nos traten con el respeto debido y que sepan respetar a los demás. Pero ¿respetamos nosotros a nuestros hijos en la misma medida?

"Los niños pequeños tienen sentimientos pequeños".

"Los jóvenes tienen pocos sentimientos".

Evidentemente, sorprende leer estas dos premisas. Es muy probable que al leerlas pudiera pensarse que no sabemos lo que decimos. Pero en cambio no es demasiado extraño que actuemos como si fuera cierto que a menor edad correspondieran menos sentimientos y menos dignidad. Y si no, preguntémonos por qué, en ocasiones, la manera de tratar a nuestro hijo no se corresponde con el respeto que debemos a cualquier persona adulta.

Aunque son pequeños y de corta edad, se sienten despreciados cuando les hablamos con altivez; humillados cuando les avergonzamos (a veces en público), y atropellados cuando les damos órdenes incomprensibles a sus ojos. Actuar así es la mejor manera de empezar a levantar barreras que dificultarán nuestro entendimiento con ellos. En cambio, si los tratamos con el mismo respeto que a cualquier persona, les ayudamos a sentirse tan importantes como los adultos, dignos de la misma consideración y favorecemos una comunicación fluida entre nosotros y ellos. Respetar es tratar a alguien con la debida consideración.

El respeto que les tenemos a los hijos se manifiesta en la calidad del trato que les otorgamos y en la atención que ponemos en tratar de no invadir sin permiso sus espacios de autonomía. No es lo mismo, por ejemplo:

Supongo que esta mañana no has podido dejar ordenado tu cuarto. Me gustaría que lo hicieras ahora.

¡Eres un cochino, siempre lo dejas todo de cualquier manera! Haz el favor de ordenar tu cuarto.

Las ventajas educativas de tratar a los hijos con el debido respeto son decisivas. Si nuestra relación con ellos no se basa en la consideración, se vuelve imposible llevar a cabo una acción educativa eficaz, y la convivencia, a medida que se van haciendo mayores, resultará dificultosa.

Dos grandes razones justifican la necesidad de otorgar a los hijos un trato basado en el respeto:

Los niños tienen sentimientos igual o más intensos que nosotros. A menudo nos olvidamos de ello y pensamos que no tener ni el poder ni la madurez de la edad adulta es sinónimo de no acusar lo que pasa alrededor de uno.

Cuando reciben un trato considerado, reaccionan con actitudes de colaboración. Pronunciar una frase amable para pedirles alguna cosa en vez de una orden autoritaria y cargada de reproches genera en ellos sentimientos de agradecimiento que los animan a identificarse y colaborar con la persona que no manda, sino que pide, recuerda, sugiere. No es magia: al igual que los adultos, los niños responden según los estímulos que reciben, se adaptan al trato recibido.

Cuando reciben un trato desconsiderado o irrespetuoso, acaban por asumir conductas irrespetuosas, negativas e incluso agresivas. Al sentirse maltratado, el niño no puede por menos que sentir aversión hacia aquellos que lo tratan mal, que no tienen en cuenta su dignidad. Y con esos sentimientos como cojín de su voluntad, es difícil que tenga ganas de seguir las indicaciones que ha recibido. Al contrario, es probable que por despecho, tenga ganas de desobedecer.

Imaginemos por un momento que, en una reunión de amigos, nuestra pareja se mancha la camisa y, en voz alta y con tono de reproche, le decimos: "Eres un auténtico desastre, siempre haces lo mismo, mira como te has puesto, da vergüenza ir contigo a cualquier sitio..." Una situación similar sería tan inaudita que el simple hecho de imaginarla nos resulta cuando menos gracioso.

En cambio, si la escena se plantea entre padres e hijo, adquiere normalidad, pierde dramatismo. Incluso veríamos con relativa normalidad el pensar en un castigo si el hijo contestara una impertinencia.

Parémonos a pensar: ¿por qué nos parece normal destinarle un trato a nuestro hijo que de ninguna manera destinaríamos a nuestra pareja? ¿No podemos deducir que realmente nos olvidamos de pensar que tiene sentimientos y reacciones que dependen en gran medida de nuestra actitud con él?

Los niños aprenden a relacionarse y a comportarse por imitación y por contagio. Cuando son pequeños aprenden a hablar en el idioma que hablan los padres y, sólo mediante enseñanzas sistemáticas insistentes, consiguen aprender otros idiomas. Aprenden imitando las palabras que oyen. Pero al aprender a hablar no sólo adquieren esta habilidad, sino que adquieren con las palabras unos contenidos, unas actitudes, unas maneras de comunicarse.

Tan importante como las habilidades que adquieren son las ideas, actitudes y sentimientos que los han rodeado y que también aprenderán por imitación y por contagio. Pensemos por un momento en lo que aprenderá un niño cuando reciba de sus padres un trato más delicado, respetuoso y considerado; cuando haya podido imitar a sus padres en su consideración, delicadeza y respeto, y cuando las palabras que haya escuchado desde pequeño expresen ideas valiosas y sentimientos positivos... Por el contrario, ¿qué forma de relacionarse y qué valores tendrá un niño cuyos padres crearon en su casa un ambiente de falta de respeto, de autoritarismo, de desconsideración...

Es posible que, después de lo antes expuesto, quede un eco que no se corresponde con la verdadera intención ni con la realidad de las cosas. Las palabras, con frecuencia, son equívocas y nos inducen a errores. Nos gustaría puntualizar que cuando hablamos de respeto, consideración y delicadeza, no queremos decir no-intervención, que no haya que contrariar a los hijos, que debamos dejarnos avasallar por sus exigencias. Sólo queremos dejar en claro que amonestar, orientar, informar o exigir no es lo mismo que insultar, avasallar, maltratar o avergonzar.

Hablando con ellos

Hablar con sus hijos les da la oportunidad de expresarse, y le da a usted la oportunidad de conocer y aclararles sus preocupaciones, dudas y sentimientos. Esto es diferente que hablarles a ellos. Cuando uno le habla a una persona sólo uno habla y sólo uno tiene la oportunidad de expresarse. Hablar con su hijo le permitirá establecer una mejor comunicación y una mayor comprensión entre ustedes dos.

Tradiciones

Comparta el orgullo por la cultura y las tradiciones de su familia. Es importante compartir con sus niños historias o cuentos que sus padres o abuelos compartieron con usted cuando era niño.

Aprecie las fotografías de su familia junto con sus hijos. A los niños les gusta saber acerca de personas y lugares que están relacionados con usted, ya que también son parte de ellos.

Compártales historias o cuentos especiales. Escríbalos. Si sus niños no saben leer, ayúdelos a dibujar los cuentos. Comparta con ellos juegos, trabalenguas, adivinanzas, rimas, recetas de su familia y canciones que usted disfrutaba en su niñez o artesanías que hacía cuando era niño, o que todavía hace como adulto. Apunte en un libro las actividades que hacen juntos para compartirlo con sus siguientes generaciones.

Lea con sus hijos e ideen juntos un final diferente al del libro.

Aprenda y hable acerca de la historia de su propia cultura o de la historia de la comunidad en que vive.

Aprender a expresarse

Hable con sus hijos. Necesitan saber que los quiere. Permítales saber lo que siente por ellos. Necesitan saber que usted los quiere aun cuando se enoje con ellos. También dígales cuánto aprecia que se comporten bien.

Escúchelos con atención e interés. Ésta es la mejor manera de premiar sus esfuerzos.

Hagan juntos cosas divertidas. Disfruten de algún deporte, algún juego, rompecabezas o cosas similares.

Enséñeles a tomar decisiones propias. Eso les enseñará a asumir responsabilidades.

No les ponga reglas que usted no va a respetar. Esto confundirá a sus hijos sobre lo que realmente espera de ellos.

Enseñe a sus hijos a enojarse sin herir a otros física o emocionalmente (sin palabras hirientes). El enojo (la cólera) es un sentimiento muy poderoso.

Aliente su curiosidad e interés

Visite las bibliotecas, museos y otros lugares públicos. Permita que sus hijos escojan las actividades por las cuáles se interesan. Haga preguntas y comparta las respuestas con ellos.

Enséñeles los nombres de todos los objetos en su casa (mesa, silla, comida, etc.), y de las señales en la calle (números y nombres de las calles, y señales de la tienda). Así, los niños desarrollarán un vocabulario más amplio.

Escoja un momento, cada día, para sentarse a hablar o jugar con ellos. Usted puede leer, escribir o sólo conversar. Éste no es el momento para mirar televisión, o escuchar la radio, o hablar por teléfono. Recuerde que los niños imitan lo que ven.

Ellos se acostumbrarán a compartir con usted muchas cosas si los anima a hacerlo. Sus hijos aprenderán a respetar sus opiniones si usted respeta las de ellos.

No juzgue rápidamente la conducta de sus hijos, ni sus opiniones o sentimientos. Escúchelos y guíelos dándoles otras ideas o alternativas. Esto permitirá que sus hijos desarrollen confianza en usted.

Leer y escribir

El amor a leer y escribir es una de las cosas más importantes que los padres pueden enseñarles a sus niños; a compartir experiencias que les permitan descubrir juntos los goces y beneficios que traen a la vida, la lectura y escritura.

Lectura

Los hijos, con su ayuda, podrán descubrir el placer y los beneficios de la lectura: nuevos mundos, nuevas ideas, mucha diversión y entretenimiento. No espere hasta que asistan a la escuela. Desarrolle su interés en leer y escribir, a partir de los tres años de edad, y es mejor si lo hacen antes.

Muestre a sus niños cuánto disfruta usted de leer. Si lo ven leyendo el periódico, revistas o libros, ellos imitarán su actitud.

Deje que escojan los libros que quieren leer.

Invente sus propios libros.

Trate los momentos de lectura como entretenimiento y diversión. Los niños no deben ser obligados a leer.

Escritura

Los hijos pueden empezar a escribir a muy temprana edad. Cuando garabatean, están escribiendo. Los garabatos son importantes porque de esa manera comienzan a darse cuenta de cómo se lee y se escribe.

Provéales plumas, lápices, crayones, tijeras, cola, papel de construcción, etc. Guarden estos materiales siempre juntos y a la mano.

Elogie cualquier cosa que sus hijos escriban o dibujen. No los obligue a leer o a escribir, y aliéntelos cuando lo hagan.

La escuela

Las escuelas ofrecen una gran variedad de recursos que pueden ayudar a usted y a sus hijos.

Hable con ellos sobre los intereses que demuestran. Las escuelas ofrecen programas deportivos, clubes, música y otras actividades después del horario escolar.

Participe en grupos de padres o en talleres de entrenamiento de padres. Usted puede conocer a otros padres.

La biblioteca

Las bibliotecas tienen muchos recursos para ayudar no sólo en la educación de sus hijos, sino también para mejorar su vida en la comunidad.

Obtenga una tarjeta de la biblioteca; ésta le prestará libros sin cobrarle nada. Usted puede llevarse libros a la casa por un tiempo no muy largo.

Entérese de los programas para niños que ofrece la biblioteca. La mayoría de las bibliotecas tienen horas de contar cuentos y espectáculos de marionetas.

Utilice la biblioteca para jugar con juguetes, escuchar casetes o ver videos. Algunas bibliotecas, además, le prestarán estas cosas.

Las instituciones

Las iglesias y los centros comunitarios frecuentemente ofrecen actividades para niños y adultos.

Averigüe si alguna institución ofrece clases preescolares o tiene un jardín de infancia.

Averigüe cuales son los programas que la escuela ofrece fuera del horario escolar, en las cuales pueden participar sus hijos.

Pregunte por eventos especiales que pueden ayudar a su familia con ropa, comida o servicios médicos, si los necesita.

Las clínicas

Las clínicas en su comunidad ofrecen servicios médicos a precios módicos o gratuitos. Utilícelos para cuidar bien a su familia.

Pregunte sobre vacunas para bebés y niños y sobre exámenes médicos para toda la familia. De esta manera, prevendrá enfermedades.

Obtenga información sobre el embarazo y los servicios prenatales.

Pregunte por servicios psicológicos o de orientación en tiempos de crisis o tensión. Estos servicios son para adultos, adolescentes y niños.

Ejemplos en la comunidad

Una persona ejemplar es alguien que puede servir de modelo para sus hijos.

Asegúrese de que sus hijos se encuentren cómodos hablándole a alguna persona en un puesto de autoridad, por ejemplo, un maestro, el director de la escuela, un oficial de policía y otros.

Presente a sus hijos a personas que tengan trabajos en las carreras que les interesan. Médicos, enfermeras, arquitectos, mecánicos, etc. Trate de que estas personas les hablen a sus hijos sobre sus trabajos.

Pida prestado libros de la biblioteca para leer sobre las vidas de la gente influyente de su comunidad. Pregunte a la bibliotecaria sobre este tipo de libros.

Déjenlos crear tormentas marinas
con sólo agitar sus blancas manitas
o soñar con pájaros no vistos
o convocar a la noche en pleno día
con sólo esconderse
en lo profundo de un armario.
Déjenlos atrapar una estrella
cuando en la noche clara y plateada,
desde alguna ventana de una casa,
con un espejo roto,
la atraen hacia un jardín de sombras.
No los llamen en mitad de sus juegos:
no podrán escucharlos.
A esa hora magnífica y secreta...
ellos están en otra parte.

Conocerlos bien

Al acercarse el inicio de un nuevo ciclo escolar resulta importante recordar a los padres que ellos son los principales maestros de sus hijos.

Para eso no necesitan tener muchos conocimientos académicos, sino más bien conocerlos bien, estimular su cerebro, motivarlos y ofrecerles los recursos que necesitan para triunfar, aun sin haber puesto un pie en la escuela.

La primera tarea que tienen que hacer los padres es observar con atención cómo aprende su hijo: solo, en grupo o con el apoyo de un adulto.

Cuando se sabe cómo aprende el menor, los padres podrán ayudarlo a que haga las tareas con agrado y facilidad.

Si el menor se concentra cuando está en compañía de otra persona, sería conveniente entonces que se sentara a hacer sus tareas con un hermano, amiguito o compañero de clase. Sin embargo, a este tipo de niño hay que adiestrarlo también a que trabaje de forma independiente, porque hay ciertas tareas escolares que los estudiantes deben hacer por su propia cuenta.

El entrenamiento debe comenzar desde el primer momento que el niño adquiere la habilidad de hacer las cosas por sí solo. Por ejemplo, abrocharse la camisa, amarrarse los cordones de los zapatos, lavarse los dientes o seleccionar por su cuenta las cosas que le gustan.

Preguntarle a diario qué ropa desea ponerse y pedirle que él mismo la seleccione, son ejercicios en el proceso de enseñar al menor a ser independiente.

A través de estas cosas sencillas, el menor aprenderá a tener seguridad en sí mismo y a desarrollar su propio criterio e iniciativa para elaborar los deberes que se le asignan.

Desde el primer día de clases, los padres tienen que preparar al menor si desean que alcance el éxito escolar. Para ello, tenemos que:

Establecerle un horario fijo para que haga las tareas.

Asignarle un lugar de la casa donde pueda sentarse a hacer sus tareas con tranquilidad.

Asignarle un lugar de la casa donde guarde sus libros y útiles escolares.

Ayudarlo a programar el tiempo para terminar las tareas que le asignan.

Ayudarlo a iniciar los trabajos de mucha investigación u otras tareas grandes.

Hacerle exámenes de práctica.

Establecerle un horario fijo para irse a la cama y evitar que el niño se desvele durante la semana por motivo de reuniones familiares.

Asegurarse que salga de casa todas las mañanas bien desayunado.

Evitar que el niño se desvele la noche anterior a un examen.

Responsabilidad y rendimiento

No todos los niños son responsables por naturaleza, por eso los padres tenemos que estar pendientes de las tareas que les ponen a diario y los proyectos de investigación que tienen que entregar al final de determinado mes o semana.

Para inculcarle el hábito de cumplir con las tareas diarias se recomienda que:

Converse a diario con su hijo sobre la tarea o tareas que le dejaron.

Pregúntele si entiende lo que tiene que hacer y si ha hecho en clase algunos problemas parecidos.

Pregúntele si tiene todo lo necesario para hacer la tarea o si necesita ayuda.

Tómese el tiempo para explicarle los conceptos que no entiende y cerciórese que los entienda.

Además de estas recomendaciones, los padres necesitamos estar en permanente comunicación con el maestro de nuestro hijo y apoyarlo en toda actividad si deseamos que nuestro hijo tenga éxito escolar desde el momento en que entra a la escuela. El equipo de padres y maestros es poderoso.

Educar

El factor más eficaz para educar es saber cómo es el educador; el segundo, lo que hace; el tercero, lo que dice. Son importantes los consejos que se dan, o las cosas que se mandan, pero mucho antes está lo que se hace, los modelos que presentan, las cosas que se valoran, cómo unos y otros se relacionan entre sí. Y hay personas que en esto son auténticos maestros, mientras que otros, por el contrario, son un verdadero desastre.

La vida familiar es la primera escuela de aprendizaje emocional. El modo en que los padres tratan a sus hijos (ya sea con una disciplina estricta o con un desorden notable, con exceso de control o con indiferencia, de modo cordial o brusco, confiado o desconfiado, etc.), tiene unas consecuencias profundas y duraderas en la vida emocional de los hijos, que captan con gran agudeza hasta lo más sutil.

Algunos padres ignoran habitualmente los sentimientos de sus hijos por considerarlos algo de poca importancia, y con esa actitud desaprovechan excelentes oportunidades para educarlos. Otros padres se dan más cuenta de los sentimientos de sus hijos, pero su interés suele reducirse a lograr, por ejemplo, que su hijo deje de estar triste, o nervioso, o enfadado, y recurren a cualquier medio (incluido el premio material inmerecido o inadecuado, y a veces hasta el engaño o el castigo físico); pero rara vez intervienen de modo inteligente para dar una solución que vaya a la raíz del problema.

Otro tipo de padres, de carácter más autoritario e impaciente, suelen ser desaprobadores, propensos a elevar el tono de voz ante el menor contratiempo. Son de esos que descalifican rápidamente a sus hijos, y saltan con un: "¡No me contestes!" cuando su hijo intenta explicarse. Es difícil que logren el clima de confianza que exige una correcta educación de los sentimientos.

Hay, por fortuna, muchos otros padres que se toman más en serio los sentimientos de sus hijos, y procuran conocerlos bien y aprovechar sus problemas emocionales para educarlos. Son padres que se esfuerzan por crear un cauce de confianza que facilite la confidencia y el desahogo. Manifestar los propios sentimientos en una conversación confiada es una excelente medicina sentimental.

Los niños que proceden de hogares demasiado fríos o descuidados desarrollan con más facilidad actitudes derrotistas ante la vida. Si los padres son inmaduros o imprevisibles, crónicamente tristes o enfadados, o simplemente personas distantes o sin apenas objetivos vitales, o con vida caótica, será difícil que conecten con los sentimientos de sus hijos, y el aprendizaje emocional será forzosamente deficiente. Padres imprevisibles son aquellos que tratan a sus hijos de manera arbitraria. Quizá cuando están de mal humor los maltratan, pero si están de buen humor les dejan escapar de sus responsabilidades en medio del caos; y así está claro que será difícil que logren nada. Si el reproche o la aprobación pueden presentarse indistintamente en cualquier momento y lugar, dependiendo de si les duele la cabeza o no, o si esa noche han dormido bien o mal, o si su equipo de fútbol ha ganado o perdido el último partido, de esa manera se crea en el hijo un profundo sentimiento de impotencia, de inutilidad de hacer las cosas bien, puesto que las consecuencias serán difícilmente predecibles. Por eso suelen fracasar aquellos padres que alternan imprevisiblemente el exceso de benignidad con el de severidad.

Fomentar su inteligencia

Para florecer, las plantas requieren un suelo firme, rico y nutriente; agua, sol y una mirada atenta. La labor del jardinero es ser un observador paciente, descifrar lo que la planta le dice a través de lo que da o deja de dar.

Cuando se trata de cultivar la inteligencia de nuestros hijos tenemos que ser pacientes jardineros, empezar por conocer la tierra, removerla para conocer sus cualidades y sus carencias. Eso hacen los hijos con nosotros: nos remueven hasta lo más profundo para sacar a flote lo mejor de cada uno y hacer evidentes, también, nuestras carencias. Observar la tierra, conocerla, es la lección número uno de jardinería para principiantes. Lo primero, entonces, será ocuparnos de nosotros mismos.

La planta necesita agua y sol como la inteligencia de nuestros hijos requiere amor y estímulo. El amor es el calor y la luz que les permitirá creer en sí mismos. Los estímulos, la llamada a la vida que viene de fuera.

Cuando recién plantamos la semilla, la regamos y damos calor a una esperanza. Aún no vemos la planta pero creemos con firmeza que la semilla está ahí y que se desarrolla. Así, la inteligencia. Hablamos al bebé sin esperar respuesta porque sabemos que de alguna manera percibe y recibe.

Esta tarea requiere más paciencia y fe cuando nos han dado un diagnóstico de discapacidad. Necesitamos fe en que la inteligencia de nuestro hijo puede crecer y florecer, en que recibe los estímulos; sólo requerimos observarlo con cuidado para saber de qué manera los procesa y cómo los expresa.

Las plantas mueren de abandono o de sobreprotección. También el desarrollo de la inteligencia puede atrofiarse si no hay estímulos que la desafíen o si nuestra inteligencia es tan torpe que sólo sirve para suplir a la del niño. Pensar por él es la fórmula mágica para hacer que él deje de pensar. La inteligencia requiere la medida exacta. Los retos no pueden ser tan grandes que sólo produzcan frustración ni tan pequeños que no exijan crecimiento.

Cultivar en nuestros hijos la capacidad de conocer es un reto a nuestra inteligencia y a nuestra objetividad como observadores pacientes. Sólo el jardinero atento ve en los pequeños brotes el anuncio de la floración.

Hijos inteligentes

Hasta los seis años, nuestro hijo dispone de un potencial que no volverá a tener en toda su vida. Y está demostrado que una estimulación adecuada y sistemática, sobre todo durante los tres primeros años, contribuye a desarrollar sus enormes capacidades. Por eso se recomienda que el niño crezca rodeado de estímulos sensoriales y psicomotrices. Es lo que se conoce como "aprendizaje temprano".

Las vacunas son, tal vez, el mejor representante de la medicina más eficaz: la preventiva. En educación todavía no hemos encontrado un método tan sencillo de administrar para potenciar en los niños la capacidad de aprender y, así, prevenir el temido fracaso escolar.

La primera idea importante que los padres de un recién nacido debemos tener es que todo niño llega al mundo con una enorme capacidad para aprender. Tanto es así que a los seis años un niño ya ha aprendido:

A entender el lenguaje oral.

A leer el lenguaje escrito.

A reconocer un objeto mediante el tacto.

A caminar erguido en patrón cruzado.

A hablar un lenguaje abstracto, simbólico y convencional.

A escribir este lenguaje.

Estas seis funciones se caracterizan, en primer lugar, porque son exclusivas de la corteza cerebral humana y ningún otro ser de la tierra las posee. En segundo lugar, porque son el fundamento y la base de todos los aprendizajes posteriores.

Cuanto más asumidas y automatizadas estén estas funciones cuando nuestro hijo comience la escuela (primaria), más posibilidades de éxito tendrá.

Igualmente es fundamental comprender que ninguna de estas funciones básicas las puede ejercer un recién nacido porque, como seres humanos, heredamos enormes potencialidades para desarrollar a lo largo de nuestra vida, pero muy pocas realidades. La explicación radica en que el niño ya nace con el número de neuronas del que dispondrá toda la vida. Pero una neurona, por sí sola, sirve para muy poco. De hecho, mueren miles de ellas diariamente y no pasa nada. Lo verdaderamente poderoso son los circuitos neuronales que se van formando mediante la estimulación que el cerebro recibe a través de los sentidos y del movimiento. El conjunto de circuitos constituyen una poderosa red que, junto a la mielina que recubre las dendritas y los axones para que la información viaje por las vías nerviosas con rapidez, hace que el cerebro pase de pesar 340 gramos en el recién nacido a 970 a los 12 meses o 1250 a los 6 años. Es decir, se multiplica su peso casi por cuatro.

Todo esto nos conduce a lo más importante para el aprendizaje temprano: estos circuitos neurológicos sólo alcanzan la plenitud si, a través de los sentidos y del movimiento, llegan estímulos al cerebro en esta etapa de la vida de la persona. Y lo más importante: estas funciones humanas superiores sólo pueden llegar a su máximo potencial, si se conceden al niño oportunidades de aprendizaje durante estos primeros años de especial desarrollo neurológico.

Numerosos ejemplos desgraciados ponen de manifiesto esta realidad: la evolución de los niños que vivían los primeros años en los antiguos orfanatos es otro triste ejemplo en la misma dirección. Algunos niños no están atados porque son disminuidos, sino que son disminuidos porque han estado atados.

En sentido contrario, los niños con más posibilidades de éxito a lo largo de la historia han sido aquellos que en su casa han tenido un ambiente culturalmente rico, y sus padres, especialmente las madres, guiadas por su amor y su sentido común, han valorado la cultura y han dado oportunidades a sus hijos, desde el primer día, para tocar, ver, oír y moverse.

Si el cerebro funciona así, ¿cómo es posible que todavía haya parvularios que no pongan en práctica el aprendizaje temprano? Una de las cosas que más cuesta al ser humano es cambiar sus costumbres. Una muestra evidente de ello es el fenómeno "Qwerty". ¿No sabe qué es? Mire el teclado de su computadora y fíjese en la primera fila de letras de arriba, la que está debajo de los números. ¿Ya lo ha visto? La primera letra es la "Q". Todos los teclados del mundo tienen esta disposición, no porque sea la más ergonómica para alcanzar el mayor número de pulsaciones posible, sino todo lo contrario... para ir más despacio. Cuando se inventaron las máquinas de escribir, si las letras que más se usaban estaban en los dedos más hábiles, las barras que golpeaban el carro (¡qué tiempos aquellos!) se agolpaban y la mecanógrafa perdía mucho tiempo bajándolas a mano. Para evitar esta pérdida de tiempo, se dispuso el teclado de tal manera que no se pudiera escribir muy rápido y nos colocaron la "a" en el dedo meñique de la mano izquierda. Ahora, con la electrónica, no hay ninguna razón lógica para mantener este teclado pero, ¿quién es el fabricante que se atreve a cambiarlo?

En educación pasa algo parecido. Cuando, por ejemplo, se lleva muchos años actuando y defendiendo que los niños no son capaces de aprender a leer antes de los 6 años y que si lo hacen es nefasto para ellos, cuesta mucho reconocer que, mediante el método de la lengua materna, un bebé de dos años puede, no sólo aprender, sino que además le encanta porque se lo pasa bien.

Afortunadamente, cada vez hay más parvularios, incluso algunas instancias educativas, que se están dando cuenta de la necesidad de proporcionar a los niños pequeñas oportunidades de aprender. No se trata de hacer superdotados ni de pretender que nuestros hijos sean unos genios. Pero sí se trata de ayudarles a que desarrollen todas las capacidades que llevan dentro para que sean unas personas equilibradas e inteligentes.

Ignoramos cuáles son las capacidades genéticas y hasta dónde llegarán, pero no nos debe preocupar este hecho porque sobre ello nada podemos hacer. Está fuera de nuestro círculo de influencia. En cambio, sí debemos buscar información y formarnos sobre cómo aprovechar el escaso tiempo de que disponemos los padres para nuestros hijos en la sociedad actual.

Tenemos la suerte de que las técnicas y métodos de aprendizaje temprano ofrecen a los padres esta valiosa información para que disfrutemos y nos divirtamos con nuestros hijos y, además, para que éstos alcancen las herramientas suficientes que les permitan, cuando sean adultos, elegir aquello que quieran ser.

Estimular en lugar de desalentar

Padres y maestros tienden a desalentar a sus hijos y alumnos creando expectativas negativas, enfocando los errores y exigiendo la perfección. Estas acciones pueden revertirse mostrando confianza y apoyándonos en sus fortalezas.

Es fundamental para la autoestima creernos capaces. A medida que tenemos éxito resolviendo los problemas de la vida y aprendiendo nuevas habilidades, aumenta nuestra autoconfianza, cualidad necesaria para afrontar los problemas de la vida y asumir nuevos retos. ¿Cómo demostrarles nuestra confianza?

Otorgando responsabilidades. Darle a su hijo una responsabilidad es una forma no verbal de mostrarle confianza. Es una forma de decirle, "sé que lo puedes hacer". Eso sí, las responsabilidades deberán equipararse con las competencias del niño, para evitar requerimientos demasiado exigentes. Por ejemplo: "Aceptaré que tengas un perrito, Julia, siempre que aceptes la responsabilidad de alimentarlo y cuidarlo".

Pidiendo su opinión o recomendación. A los hijos les gusta que sus padres confíen en sus conocimientos u opiniones, mostrándoles así que creen en su capacidad de contribuir positivamente y promoviendo su autoestima. Por ejemplo: "¿cuál camino te parece que sería el mejor para ir a casa de los abuelos?", "¿me enseñarías a jugar ese juego?".

Evitando asumir el mando. Mostramos confianza en las habilidades de nuestros hijos cuando evitamos intervenir y tomar el mando cuando ellos se desanimen. Cuando las cosas les resultan difíciles, sentimos gran tentación de intervenir. Sin embargo, así mostramos desconfianza en la habilidad de nuestro hijo para culminar una tarea. Cuando lo rescatamos de las consecuencias de su conducta, le robamos una lección importante sobre responsabilidad. Lo que en efecto estamos diciendo es que no tenemos confianza en su capacidad para asumir las consecuencias de sus acciones.

Tomar el mando no es una forma de motivar a nuestro hijo, sino una forma de certificar su desmotivación. Con frecuencia estos muchachos son incapaces de tolerar la frustración y se dan por vencidos cuando las cosas no les funcionan inmediatamente.

Apoyándonos en sus fortalezas. Enfocar lo que anda bien con nuestros hijos, en lugar de lo que anda mal, es muy estimulante y mejora su autoestima, lo que a su vez resulta en conductas positivas.

La clave para este ciclo de éxito es segmentar el aprendizaje en pasos pequeños. Debemos recordar que no aprendimos el alfabeto de una vez. Primero aprendimos la A, luego la B, luego la C, hasta llegar a la Z. Este proceso de la A a la Z (A-Z) aplica para todo, desde el aprendizaje de habilidades específicas, hasta las características de personalidad. Bien sea para ayudar a nuestro hijo a terminar su tarea o para enseñarle a ser honesto, podemos apoyarnos en sus fortalezas.

Reconociendo lo que nuestro hijo hace bien. Una vez que determinemos lo que queremos que nuestro hijo logre (por ejemplo, tener buenos hábitos de estudio o ser honesto), determinemos a qué altura se encuentra en el trayecto de la A a la Z hacia ese objetivo. Al determinar dónde se encuentra, sabremos por dónde comenzar el entrenamiento. Reconozcamos lo que nuestro hijo puede hacer. Por ejemplo: "¡bien! Terminaste tus tareas. Te has esforzado mucho, pero ya sé que sabes esforzarte porque te veo hacerlo en la cancha de juego"; "No me gusta que usaras mi martillo sin pedírmelo, pero agradezco que lo hayas admitido cuando te pregunté. Valoro mucho la honestidad".

Es mucho más efectivo "pescarlos haciendo algo bueno" en lugar de nuestro abordaje tradicional de "pescarlos" cuando hacen algo mal. Además de reconocer el progreso de nuestro hijo en el camino A-Z, es bueno reconocer otras áreas en que esté sobresaliendo animando a nuestro hijo a tomar el próximo paso. Los muchachos ganan autoestima cuando logran aprender, bien sea un deporte, una materia del colegio o una nueva destreza. Sin embargo, aprender requiere muchos pasos (en el camino A-Z) y mucho perfeccionamiento. También requiere tomar riesgos, porque cada nuevo paso conlleva la posibilidad de fracaso. Incluso en niños con buena autoestima, el temor a fracasar puede paralizarlos, dificultándoles el próximo paso. Cualquiera de nosotros ha sentido la frustración de no progresar y hemos considerado abandonar la tarea. Es en ese momento que una palabra del padre o del maestro puede darle al niño el valor para asumir el riesgo. Por ejemplo: "aprender la división puede ser frustrante, y me imagino que tienes ganas de dejarlo. Pero si sigues intentándolo, estoy seguro de que lo lograrás. ¡Mira cuánto has logrado ya! ¿Qué tal si lo intentas nuevamente?"

Concentrándose en la mejora, no en la perfección. El error que comete la mayoría de las personas en el proceso de estimular es esperar a que el niño obtenga el resultado final deseado (la Z en el camino A-Z) antes de elogiarlo. Sin embargo, la clave de la estimulación es segmentar el proceso en pequeños pasos, celebrando cada aproximación. Cualquier mejora, no importa cuán pequeña, es un paso en la dirección correcta y debe ser reconocido.

Debido a que el éxito es el gran motivador, queremos que nuestro hijo experimente numerosos éxitos en el camino. Esto fortalecerá su autoestima y lo mantendrá progresando hacia el objetivo.

Si el niño se retrasa un paso, necesitará nuestro estímulo para mantenerse en la tarea y no darse por vencido. De hecho, el puro esfuerzo, aun cuando no se esté progresando, puede reconocerse y celebrarse. Por ejemplo, "tu cuarto luce mucho mejor. Recogiste todos tus libros e hiciste la cama. Si quieres podemos trabajar juntos para idear un sistema de mantener tu closet organizado".

Valorando a nuestro hijo

La autoestima del niño no proviene sólo de los logros. Para la mayoría de las personas, es mucho más importante ser aceptados por las personas importantes en su vida, sentir que pertenecen. De hecho, gran parte del esfuerzo que dedicamos a la búsqueda del éxito tiene como finalidad ganar la aceptación de nuestras personas significativas. Los muchachos que se sienten aceptados por sus padres tienen una excelente base de autoestima sobre la cual construir una vida saludable y feliz. El objetivo es comunicarle a nuestros hijos que, ganen o pierdan, pasen o reprueben, en las buenas y en las malas, seguimos siendo sus padres y estamos felices de serlo.

Amor incondicional

Lo fundamental como padres es reconocer la originalidad que trae cada hijo e ir descubriéndola. Para que el niño desarrolle esa originalidad, necesita que seamos incondicionales a lo que él trae. No sólo tenemos que conocer lo que él es, sino evitar ponerle obstáculos y dejarlo que se desarrolle desde su interioridad.

Por otro lado, el amor incondicional de los padres permite al hijo crecer y desenvolverse con seguridad. El niño que siente que lo quieren por lo que es, asume desafíos y trata de alcanzar metas más grandes. Podría decirse que el amor incondicional es la plataforma desde la cual despega una persona, es lo que le da confianza para hacerlo. Pero el amor incondicional, que parece casi obvio en la teoría, no es tan fácil de llevar a la práctica.

Es verdad que es difícil practicarlo. Uno como padre si bien quiere mucho a un hijo, tiene muchas expectativas sobre él. Puede caerse en la tentación de meter a todos los hijos en el mismo saco y esperar a que reaccionen de una misma manera. El amor incondicional parte del observar a cada hijo, ver cómo se desarrolla y actúa frente a distintas situaciones.

¿Y por qué cuesta tanto aceptar a un hijo que no es lo que se esperaba? Debido a ciertas conductas que en determinado momento nos sorprenden o molestan. Puede que el hijo sea más insolente, más flojo, menos deportista o más ermitaño de lo que uno como padre aspiraría.

También influyen las experiencias que hemos vivido los padres, pero más las exigencias del mundo actual. Lo que vale es el éxito, las mejores calificaciones, ser deportista y popular entre los amigos. Con esto, les pedimos a los hijos muchas veces más de lo que pueden dar. Sin embargo, si los padres tuvimos aceptación de nuestros propios padres, va a ser más fácil que se la entreguemos a nuestros hijos.

El niño que se siente aceptado por lo que es, ¿es distinto del que no?

Sí, se nota en la seguridad del niño, en su audacia y en su libertad para poder optar y en que se atreve más. Cree en lo que siente, en sus juicios y percepciones. Se atreve a asumir riesgos, acepta sus errores y ve la vida con optimismo. Cuando se ve un hijo muy sumiso, muy recatado, que cumple muy bien todas las normas, puede ser que sólo responda a lo que el sistema le pide. El hijo aceptado se equivoca igual que el otro, pero tiene una mayor seguridad para poder desplegarse.

Si no aceptamos a un hijo, no podemos educarlo, pues éste se cierra ya que intuye, con toda razón, "esta persona es una amenaza para mí y tengo que protegerme".

Es cierto, cualquier persona que siente que lo rechazan se cierra. Busca otros lugares dónde sentirse cómodo, que pueden ser con amigos, aunque no siempre son los mejores. El niño se aleja de la familia porque ésta no le da protección y no lo valora por lo que es.

Para que el hijo no se cierre, hay que conocerlo. Averiguar qué lo anima, cuáles son sus fortalezas. Sólo se puede aceptar lo que se conoce. Son de gran ayuda las conversaciones en las que los padres les contamos a los hijos cómo éramos a su edad.

Los padres somos los grandes constructores de la autoestima. Para saber quién es uno, se necesita que alguien lo diga. Los primeros en decirnos quiénes somos son los padres: "eres bueno para el fútbol" o "tú nunca lo vas a lograr". Estas son frases que van construyendo la imagen que se tiene de uno mismo. Luego, en la etapa escolar, influyen mucho los comentarios de los amigos, por lo que el niño debe tener una buena imagen de su persona.

Dejemos de asumir toda la responsabilidad. Los padres tendemos a asumir demasiado crédito en los éxitos de nuestros hijos y mucha culpa en sus fracasos. El temperamento (las cualidades con que nació el niño) juega un rol importante en su comportamiento. Sus compañeros, profesores y el medio en que se desarrolla también influyen.

Busquemos lo positivo. Cuando se está decepcionado de un hijo es común olvidarse de sus cualidades. Si vemos un océano de defectos, busquemos islas de destrezas. También observemos el lado bueno de algo que nos desagrada de nuestro hijo. Por ejemplo, un niño cauteloso raramente corre riesgos innecesarios. Un perfeccionista no comete errores tontos en su tarea de matemáticas.

Reescribamos el guión. Pongamos atención a los mensajes que manda sin querer y examinemos cualquier pensamiento negativo que tengamos sobre nuestro hijo.

Cuestionar continuamente el comportamiento de un hijo: "¿cómo le tienes miedo a eso?" o "¿por qué eres tan gruñón?" sólo lo frustrarán y confundirán. El niño no sabe por qué; sólo está siendo él mismo.

Marquemos los límites correctos. No asumamos que sabemos lo que siente nuestro hijo. No son una misma persona. La visión clara se pierde cuando mezcla sus preocupaciones con las del niño. Puede que se nos parta el corazón porque a nuestro hijo no lo llamaron para la selección de fútbol del colegio, pero puede que a él no le importe. Podemos angustiarnos porque nuestra hija pasa los recreos en la biblioteca, pero ella puede ser feliz haciéndolo.

Los padres "pensamos" y sentimos que amamos a nuestros hijos de forma incondicional, porque los amamos más que a la vida propia, pero no es así. Es en ese amor de padres e hijos donde es tan importante para nosotros (los padres) darnos cuenta de lo que es "nuestro" y de lo que no es "nuestro". Si nosotros damos y damos mucho porque amamos, aunque no sea con palabras, aunque lo hagamos de manera implícita, pedimos y mucho, y es aquí cuando empezamos a transmitir una de las creencias más limitantes que hay: que si uno recibe, uno tiene que dar, y el hijo empieza a sentir que no puede compensar y de forma inconsciente nace una frustración profunda en él. Es en ese punto que el niño siente que no puede compensar ese amor que recibe y decide (de forma inconsciente) no tomar. Pero no tomar no significa no querer, no amar... sino: "no tomar lo que me das", "no ver lo que me das", "no valorar lo que me das" y a veces el no tomar al paso del tiempo se manifiesta con el "yo no soy tú", "soy distinto a ti" y en el más agudo de los casos "yo no te debo nada". ¿Quien no ha pensado alguna vez: "esto o aquello" que mis padres hicieron/dijeron/actuaron conmigo/no quiero hacerlo/decirlo/actuar con mis hijos?... no supimos o no quisimos tomar lo que nos daban.

Cuando "educamos" hemos de ser conscientes que lo que también transmitimos a nuestros hijos, nos guste aceptarlo o no, son nuestros miedos, nuestras creencias limitantes, nuestras necesidades. Pero, en cambio, cuando sentimos, desde del primer momento, que ese ser humano que ha venido a nosotros no nos pertenece, y que nosotros sólo lo acompañamos en su camino, en su aprendizaje de lo que es la vida, es entonces cuando tenemos una gran oportunidad de conocernos, de observar qué hay en nosotros y qué es "nuestro", antes de limitar, antes de pedir, antes de esperar...

No podemos hacernos cargo de los sentimientos de nuestros hijos; pero sí podemos observar lo que hemos transmitido, cómo lo hemos transmitido y por qué lo hemos transmitido...

Tus hijos no son tus hijos. Son los hijos y las hijas del anhelo de la vida por perpetuarse. Llegan a través de nosotros, mas no son realmente nuestros. Y, aunque están con nosotros, no nos pertenecen.

Podemos darles nuestro amor, pero no nuestros pensamientos, porque tienen los suyos.

Podremos hospedar sus cuerpos, pero no sus almas, porque sus almas moran en la casa del mañana, que no podemos visitar, ni siquiera en sueños.

Podemos, sí, mucho, parecernos a ellos, mas no tratemos de hacerlos semejantes a nosotros.

Porque la vida no retrocede, ni se detiene en el ayer.

Somos los arcos para nuestros hijos, flechas vivientes que se lanzan al espacio.

El Arquero ve la marca en lo infinito y Él es quien nos tensa, con su poder, para que sus flechas partan veloces a la lejanía. Que el estar en manos del Arquero sea nuestra alegría; porque aquel que ama a la flecha que vuela, también ama al arco que no viaja.

Gibrán Jalil Gibrán

Quererse y respetarse

El ser humano por naturaleza nace con la expresión natural de la necesidad de amar. En la familia, el amor es el vínculo que sustenta las relaciones entre padres e hijos; es donde se aprende a compartirlo y a aceptar a los demás. La formación de los aspectos afectivos se da con gran fuerza durante los primeros años de vida y la relación que establecen los padres con los hijos es fundamental para la formación de sí mismo; es donde principalmente se forjan las bases de sus valores, ideales y principios sobre los cuales edificaran más adelante su propia vida a la que se enfrentaran.

En los primeros años de vida, el bebé mantiene una estrechez con la madre, es un vínculo que se inicia desde la gestación. Aún después de nacer, el infante es apenas diferente de lo que era antes del nacimiento; no tiene aún conciencia de sí mismo, ni del mundo como algo externo a él.

Durante el desarrollo de las etapas del infante, el contacto con la madre, tanto físico como visual, es fundamental, ya que si se llega a dar una separación entre madre e hijo existen muchas posibilidades de que el niño desarrolle algún trastorno psicológico y emocional que le dejará una huella que lo marcará por el resto de su vida; por esta razón, hoy en día, tanto la madre como el padre juegan un papel muy importante ante la sociedad en el desarrollo de los hijos, ya que los niños que se sienten queridos y respetados por sus padres, aprenderán a quererse y a respetarse a sí mismos. De esta manera, tendrán una autoestima adecuada, mejores oportunidades de aprendizajes en la escuela y facilidad para relacionarse con sus compañeros.

La familia es el contexto ideal en la vida del individuo, puesto que los padres son quienes proveen al niño la formación de los afectos y el amor. Padres de familia, los hijos aprenden normas y valores de los adultos, principalmente de quienes hacen las funciones como tutores, por favor acepten este reto con responsabilidad y valoren qué es lo que realmente queremos construir en cada uno de nuestros hijos. Es importante que identifiquemos en ellos la inteligencia que cada uno tiene, ya que, por cuestiones naturales, cada uno de los hijos tiene capacidades que los padres no valoran, y carecen de aquellas que éstos quisieran que tuvieran. Lo que no saben es que resulta más fácil desarrollar las habilidades innatas y que acepten a sus hijos como personas únicas y que le estimulen aquello que hacen bien. Esto les brinda la tranquilidad y la seguridad necesaria para ensayar nuevas habilidades y formas de comportamiento para enfrentar los desafíos de manera firme, buscando las mejores alternativas.

Debemos recordar que la capacidad de amar y la responsabilidad de ser padre exige un dinamismo extraordinario basado en la capacidad de amor despertadas por el hijo. El sentimiento de amar en forma positiva es la única fuerza capaz de cambiar al ser humano.

"La' palabra enseña y el ejemplo empuja", es una máxima que debemos tener presente siempre.

Que nuestros hijos se quieran

Los seres vivos dependemos de nuestro entorno para crecer, aunque nuestro desarrollo se va a producir incluso en un ambiente hostil. Por lo tanto, si queremos potenciar la autoestima de nuestros hijos debemos tratar de conocer qué tipo de interacciones propician, anulan o dañan la formación de su confianza, y qué actuaciones les faltan el respeto. Hemos de partir de la premisa de que la formación de la autoestima de los hijos depende en gran medida de la relación que establecen con los adultos importantes en su vida, fundamentalmente sus madres y padres. Serán ellos los vigías de su confianza y los estimuladores de su autorespeto. Ambas premisas propiciarán una valoración personal que los llevará a quererse a sí mismos y, por extensión, a quienes los rodean.

Si el hijo experimenta total aceptación de sus pensamientos y sentimientos, percibe el valor que se le da a su existencia. No nos gusta la envidia de nuestros hijos, sus celos, su cerrazón, su aislamiento, su rabieta, su llorar constante y un largo etcétera. Incluso puede que las características del niño o la niña no sean las que deseábamos que fueran y, además, no aprenden como les estamos enseñando a ser. Pero aceptarlos es admitir, por mucho que nos cueste, que ese hijo es otra persona independiente y diferente de nosotros, y muy valiosa.

Si opera en un contexto de límites bien definidos y firmes, percibe que nos importa. Esos límites habrán de ser justos, razonables y negociables: no vale la libertad ilimitada, pues en esta relación la falta de límites significa indiferencia. Cuando los padres escuchan las necesidades y los deseos de sus hijos y se muestran dispuestos a negociar con ellos las reglas familiares, están ejerciendo autoridad y no autoritarismo. La autoridad escucha, atiende y negocia; pero también sanciona el incumplimiento de las normas, algo estrictamente necesario para que el niño o la niña pueda forjar su identidad y establecer su autoestima.

Si se siente respetado por su dignidad como ser humano, ganará en confianza. Como a todo, también a respetarse se aprende y no será posible que lo consigan si no les enseñamos. Lo estaremos haciendo cuando aceptemos sus decisiones, escuchemos sus deseos, atendamos sus necesidades y negociemos las reglas establecidas en casa.

Respetarles no significa dejar que hagan lo que quieren. La permisividad es nefasta: destruye el esfuerzo, la disciplina y el autocontrol, y con ello, la confianza en uno mismo. Nuestra responsabilidad es enseñar y la suya, aprender; pero será él o ella quien se sitúe en el mundo, se saldrá o no de nuestros límites. Intentar dirigir sus elecciones significaría anular su responsabilidad para con él mismo y para con su vida. No puede haber autoestima sin el ejercicio de la responsabilidad.

Si el nivel de autoestima de los padres es alto, hay más probabilidades que ocurra lo mismo con el de sus hijos, aunque no siempre es así. Cuanto más se valoren a sí mismos los padres, más fácilmente podrán trasmitir a sus hijos la importancia de quererse a sí mismos. Una autoestima bien asentada ayudará a los padres a educar a sus hijos, pues padres y madres son modelos de aprendizaje importantes y necesarios para que el hijo inicie su viaje partiendo de algo a imitar y que le indica el camino y cómo recorrerlo.

Entorno adecuado

La falta de autoestima se manifiesta como un problema generalmente pasada la adolescencia, pero también está demostrado que la autoestima se puede recuperar, mimar y potenciar. Por ello, nos interesa conocer en qué medida se propicia en el proceso educativo y formativo. Para lograrlo hay que crear un entorno de seguridad que se sustenta en tres pilares: amor, aceptación y respeto. Parece obvio, pero hay que entenderlo bien.

Hay que amarle por quién es, por su existencia y por su derecho a ser querida o querido, independientemente de que nos guste cómo piensa, siente o se comporta.

Aceptarle tal cual es, y no en la medida en que sigue nuestros preceptos y responde a nuestras expectativas.

Finalmente, respetarle en sus decisiones de por dónde y cómo quiere llevar su vida. Hacerle ver, cuando esas decisiones nos parezcan equivocadas, por qué no se consideran correctas, pero no impedir que intente llevar a cabo lo que considere oportuno. Cometer errores es parte esencial de todo aprendizaje.

Padre y madre en armonía

Puede que el padre y la madre discrepen y no tengan igual opinión sobre alguna cuestión que afecte a la educación de su hija o hijo, pero esto no supone ningún inconveniente; incluso, esas discrepancias pueden ser conocidas. Lo que sí afectará la seguridad del niño es que sus progenitores no estén de acuerdo en las decisiones finales. La importancia no está, por tanto, en la diferencia de opiniones, sino en la no unanimidad en las decisiones.

Además, no hay problema en que los padres y madres cambien de opinión ante un hecho o una norma, y en que se lo hagan saber a sus hijos explicándoles el motivo. Esto no supone merma de credibilidad y, en cambio, sí es un ejemplo de flexibilidad y de acomodo a las circunstancias. La rigidez y la inmovilidad no caben en un proceso educativo en el que asumir los riesgos de cambios es parte de la enseñanza.

El compromiso como padres y madres para posibilitar una alta autoestima en los hijos e hijas está relacionado con las siguientes condiciones:

Tener presente que es otra persona, independiente y distinta de nosotros.

Ofrecer una seguridad basada en la coherencia, es decir, en la coincidencia entre lo que se enseña y lo que se hace.

Hacerle sentirse observado y comprendido. Transmitirle que es una persona única e irremplazable.

Amarle desde la expresión verbal, mostrándole el gozo que tenemos por su existencia. El tacto es el gesto esencial para que pueda sentirse querido. Tocarlo, besarlo, acariciarlo no sólo cuando es bebé, también cuando rechaza, por pudor, esa muestra. Aceptarlo tal como es. Sólo así aprenderá a aceptarse.

Respetarlo como es.

Marcarle límites justos, razonables y negociables.

Ofertarle normas y altas expectativas por lo que respecta a su comportamiento y rendimiento. No una actitud del "todo vale", pero tampoco un "no vales".

Ofrecerle elogios y críticas dirigidos a su conducta y comportamiento, nunca a su persona. Cuidar, por tanto, el lenguaje, que puede ser muy negativo, aunque parezca superficial y efímero.

Motivarlo a tomar decisiones, a experimentar, a asumir riesgos, a hacer y a responsabilizarse de los mismos. No privarle de cometer errores. No sobreprotegerlo.

Aprovechar el tiempo

El tiempo libre es un tiempo para vivir, para crecer, para aprender, para descansar y recuperar fuerzas; en definitiva, un tiempo que debe enriquecer a la persona. Las posibilidades que se abren ante nuestros hijos, ya sean niños o se encuentren en la adolescencia, se multiplican durante los fines de semana: practicar deportes, adquirir nuevas aficiones o dedicar más tiempo a las cosas que más le gusta, leer... Y, sobre todo, estar en familia y organizar planes todos juntos.

El tiempo libre de nuestros hijos (como el nuestro) ha de cumplir una triple misión: ha de ser un tiempo de descanso, diversión y desarrollo. Si no, estaremos perdiendo el tiempo en vez de aprovecharlo. Al hablar de "tiempo libre" nos referimos, sobre todo, al tiempo disponible, al tiempo no ocupado por las actividades escolares ni asignado a otras obligaciones. Durante el curso, el tiempo disponible no es muy amplio, aunque resulta muy fácil perderlo a pesar de ser tan poco.

Sin embargo, el que queda durante los fines de semana y las vacaciones exige una atención particular por parte de la familia y de la escuela. Hay que evitar el peligro de que se destruya en poco tiempo lo·que se ha venido construyendo con mucho esfuerzo durante la semana: hábitos de trabajo, de esfuerzo intelectual y progreso en valores. Es preciso que este tiempo disponible sea dedicado a realizar esa multitud de actividades enriquecedoras al alcance de la mano de cualquiera.

Saber aprovechar el tiempo libre es algo con lo que nuestros hijos no nacen: lo aprenden.

Actividades lúdicas

Estas son algunas ideas para estimular el desarrollo de las competencias en el lenguaje, la comunicación y el pensamiento crítico en nuestros hijos. Son actividades lúdicas para ser desarrolladas en momentos en que se encuentra reunida la familia:

Hablemos con nuestros hijos(as). Los niños y niñas aprenden palabras y conceptos sobre el mundo cuando escuchan y hablan con nosotros y otras personas, esto los prepara para el éxito en la lectura. Tengamos conversaciones largas con ellos; hablemos durante el día sobre sus actividades, démosle continuidad a lo que los niños o niñas dicen o cantemos sus canciones preferidas. Ejemplos:

Clasificación de palabras. Nombrar todos los animales que puedan. Nombrar todas las comidas que puedan.

Hablar de cómo las cosas se parecen y se diferencian: ¿en qué se parecen un gato y un perro?, ¿cómo son distintos?, ¿en qué se parecen un carro y un autobús?, ¿cómo son distintos?

Definir y explicar palabras. ¿Qué es un gato?, ¿qué es una bicicleta?, ¿qué es un cuaderno?

Nombrar. Nombrar las cosas en un libro o las cosas que están alrededor de ustedes.

Conversar acerca de las características de lo que nos rodea. Los pájaros tienen pico y plumas; los peces tienen escamas y aletas; los árboles tienen hojas y corteza.

Leamos con nuestros hijos cada día. Leer un libro juntos es una excelente oportunidad para que una familia comparta. Ofrece la oportunidad a los niños y niñas de aprender muchas palabras nuevas y da la oportunidad de extender sus conocimientos del mundo. Leer a los niños y niñas los ayuda a entender conceptos básicos acerca de la lectura; por ejemplo, la dirección en que pasan las páginas y leer de izquierda a derecha. Leer un libro muestra a los niños y niñas que los sonidos se relacionan con letras, que las letras forman palabras, que las palabras forman frases.

Busquemos un tiempo adecuado para leer cada día; por ejemplo, antes de acostarnos o después de comer.

Leamos cuentos de fantasía y otros de información verdadera, como libros informativos, revistas y suplementos infantiles en los periódicos. Leer un libro fortalece destrezas de pensamiento crítico.

Pidámosle a nuestro hijo que señale la portada del libro, el título, el inicio de la lectura y permitámosle que pase las páginas al leer. Esto le ayudará a conocer cómo funcionan los libros.

Agreguemos algo de drama a su voz, dramaticemos diferentes personajes y tratemos de ser parte de la historia.

Expliquémosle el significado de las palabras que sean nuevas para él y hagámosle preguntas sobre lo que han leído. Traten de imaginarse en la situación de los personajes en el cuento, será toda una aventura.

Podemos intentar escribir y dibujar sobre lo leído, inventar un cuento parecido o cambiar partes del cuento.

Hagamos juegos con palabras que terminen igual para que puedan jugar con los sonidos.

Busquemos a su alrededor y pidamos que encuentren cosas que comiencen con un sonido.

Jugar con el nombre de nuestros hijos resulta muy entretenido. Podemos escribirlo y recortarlo para formar un rompecabezas.

Tratemos de buscar en las revistas y periódicos una cierta letra, recortémosla, peguémosla y busquemos objetos que inicien con el sonido de la letra seleccionada.

Escribamos con nuestros hijos(as). Lo ideal es contar con materiales variados para realizar las siguientes actividades.

Brindarles papel, marcadores, crayolas, lápices, tijeras, pegamento, revistas viejas, periódicos y materiales que tengamos a nuestro alrededor.

Motivémoslos a que se atrevan a escribir algo, aunque sea con garabatos: una lista de compras; una carta familiar; una historia; instrucciones o recetas de algo que les interesa. Al inicio, los niños empezarán a expresarse gráficamente con símbolos y garabatos; conforme vayan avanzando en el proceso, escribirán con ortografía inventada, etapa normal de este proceso. Es importante permitirles expresarse a su nivel y no forzarlos, pues ante todo, lo que queremos es que los niños y niñas se sientan capaces de expresar sus pensamientos y palabras gráficamente.

Deseo de aprender

Todos los niños nacen con el deseo de aprender. En efecto, la mayoría de ellos ingresan al jardín de infantes entusiasmados con la idea de aprender a leer y escribir, y ansiosos de conocer el mundo que los rodea.

Sin embargo, cuando llegan a la escuela intermedia (y a menudo antes), muchos niños consideran el aprendizaje como una carga y no como la emocionante oportunidad que los motivaba cuando eran pequeños. Si ha notado una falta de motivación en su hijo, no está solo: las investigaciones han demostrado que el amor por el aprendizaje de los niños disminuye a un ritmo constante desde el tercero al sexto grado. No tiene por qué ser así.

Todos los niños nacen con una dosis saludable de motivación para el aprendizaje. A medida que crecen, este deseo interno de aprender puede seguir su curso como un río embravecido, un arroyo tranquilo, o un débil hilo de agua. Algunas veces, simplemente desaparece en el lodo. Pero no deberíamos quedarnos sentados viendo cómo el entusiasmo por aprender de nuestro hijo se desvanece. Nuestro hijo podría esperar un proyecto de historia o un experimento de química con el mismo entusiasmo que siente antes del estreno de la última película de Disney o el partido de basquetbol por el campeonato de su liga.

La escuela y el mundo real

El entusiasmo de los niños se aviva cuando se dan cuenta de que el aprendizaje escolar explica el mundo y los equipa para enfrentarlo con éxito.

Lamentablemente, el aprendizaje escolar parece algo irrelevante para la mayoría de los niños de hoy. Hagamos un experimento. Formulemos a nuestro hijo en edad escolar estas tres preguntas sobre cualquier tarea:

¿Por qué piensas que tu maestra quiso que hicieras esto?

¿Qué aprenderás de esta tarea?

¿Se te ocurre cómo podrías utilizar este conocimiento o capacidad fuera de la escuela?

Es probable que nuestro hijo nos mire con una expresión de desconcierto. La mayoría de los niños no pueden explicar ni siquiera la capacidad que están aprendiendo, menos aún su utilidad fuera del aula. Cuando se les pregunta por qué hacen una determinada tarea, normalmente responden: "porque la maestra lo ordenó".

Pero los niños se sienten fascinados cuando descubren que un concepto aprendido en la escuela explica una experiencia cotidiana.

Claro que antes de poder ayudar a nuestro hijo a reconocer la importancia del trabajo escolar para la vida, debemos saber qué está estudiando. Si le preguntamos qué está aprendiendo en la escuela y no obtenemos una respuesta, pidámosle que nos muestre la tarea de matemáticas o en qué parte está del texto de estudios sociales. No dudemos en preguntar a su maestro qué se enseñará en un mes en particular o pedirle un diagrama general de los temas del año. No es necesario que conozcamos cada pequeño detalle, sólo lo suficiente para ayudar a convertir el plan de estudios de la escuela en algo significativo para nuestro hijo.

Una vez que sepamos qué está estudiando nuestro hijo, podemos ayudarle a relacionarlo con experiencias cotidianas. Estos son algunos ejemplos:

Conectar las lecciones de Ciencias con la naturaleza. Si su hijo de segundo grado está estudiando el tiempo, pregúntele si debería llevar un paraguas al salir en un día oscuro y nublado, y por qué las nubes oscuras pronostican precipitaciones. Pregúntele si nevará durante la noche mediante el control de la temperatura en el termómetro exterior durante la tarde.

Si su hija está estudiando la tierra y el sistema solar, observen juntos un atardecer. Pregúntele hacia dónde va el sol. Si está de viaje y llama desde otra zona horaria, pregúntele por qué es más temprano donde usted está.

Conectar la literatura con las experiencias de la vida real. La película *Romeo y Julieta* de 1996, basada en la obra de William Shakespeare, reanimó el interés de los adolescentes por Shakespeare mediante la representación de la tragedia como un conflicto entre pandillas de jóvenes. Usted puede realizar conexiones similares entre los libros que su hijo está estudiando y sus propias experiencias.

Si no tiene tiempo de leer, alquilen y vean juntos la película luego de que su hijo haya leído el libro.

Señale las aplicaciones de las matemáticas en la vida cotidiana. Muéstrele a su hijo de quinto o sexto grado cómo se utilizan las proporciones para calcular los promedios de bateo en el beisbol o cómo se deben sumar y dividir las fracciones para duplicar o reducir a la mitad una receta.

Establecer conexiones que sean significativas. "Debes aprender a sumar y a restar para controlar la chequera", quizá no tenga mucho sentido para un niño de segundo grado. Y es posible que a su hijo de once años no le entusiasme mucho estudiar el sistema circulatorio humano porque "algún día quizá quiera ser doctor".

Tampoco utilice generalidades como: "necesitarás saber esto cuando seas grande" o "quizá ahora no entiendas por qué debes estudiar esto, pero con el tiempo lo agradecerás". Es probable que tales bien intencionados, aunque abstractos, comentarios generen más protestas que interés.

Expandir el aprendizaje escolar

Otra forma de dar vida al aprendizaje escolar y conferirle un significado personal es enriqueciendo las experiencias de su hijo, como llevarlo a museos, acuarios, granjas y sitios históricos. (Las visitas virtuales a un sitio en internet también son útiles).

Las experiencias cotidianas también amplían el aprendizaje escolar. Quizá no lo note, pero los viajes al parque, a la ciudad y a la casa de la abuela, así como la tortuga o el pececito que su hijo tiene en su habitación, ayudan a relacionar lo que lee y aprende.

Por cierto, no descartemos la posibilidad de que nuestro hijo ya se sienta interesado e incluso apasionado por una materia escolar. A veces es obvio, como cuando su hijo no para de hablar acerca del mural egipcio que está dibujando para una unidad de estudios sociales. Otras veces el maestro le dirá qué temas despiertan mayor entusiasmo en su hijo.

Pero, a menudo, deberemos investigar un poco. Primero, debemos preguntarle a nuestro hijo qué materias le gustan en la escuela o qué es lo más interesante que está aprendiendo. Si responde "nada" (como será el caso de muchos niños), es hora de que nos pongamos la gorra de sombrero de Sherlock Holmes:

¿Qué materias menciona en casa? ¿Sobre qué temas formula preguntas? ¿Qué deberes hace siempre primero? ¿Cuáles le muestra? ¿Qué libros elige en la biblioteca?

Primero, intentemos expandir un tema por el que nuestro hijo se sienta atraído. Con la llama piloto encendida, podremos estar seguros de que obtendrá una respuesta entusiasta.

Aunque es bueno despertar el interés de nuestro hijo por el plan de estudios de la escuela, no es necesario que comience con los temas que está estudiando actualmente. También podemos ayudarle a alimentar su pasión por aprender mediante el desarrollo de sus propios intereses intelectuales, y trabajar con su maestra para encender y avivar las llamas.

Aprender

Si nuestro hijo tiene un profundo deseo de aprender y está convencido de que la escuela es importante, el éxito está prácticamente garantizado. Pero tal actitud raras veces se da en forma natural. Las actitudes se desarrollan, no se heredan, y es responsabilidad de los padres desarrollar en los hijos una actitud positiva hacia la escuela.

La escolarización y el aprendizaje no son una y la misma cosa. La escolarización es un proceso que consiste en cumplir con los requisitos impuestos por la institución escolar de forma que permita al niño desenvolverse con éxito en él. Por tanto, el objetivo de los padres debe dirigirse a fomentar una actitud positiva en los hijos y a darles motivaciones para tener éxito en la escuela, y cuanto antes, mejor.

Conviene centrarse en el desarrollo del niño hasta el extremo de que esté deseando ir a la escuela. El niño debe escuchar desde pequeño que algún día concurrirá a la escuela, que aprenderá a leer y escribir.

Se le puede organizar un pequeño lugar del cuarto para que tenga hojas y lápices con el fin de que se acostumbre a tener un lugar para "trabajar", es bueno que los chicos tengan una pequeña biblioteca.

Críticas a la escuela

Muchos niños están sometidos a comentarios negativos sobre la escuela, circunstancia que dificulta el que lo consideren una experiencia positiva.

También puede suceder que tenga hermanos o familiares con actitudes negativas ante la escuela, o que los padres hayan vivido malas experiencias escolares y que las transmitan a los hijos. La actitud de los padres ante la escuela y el modo de comunicarla ejercen una fuerte influencia en los sentimientos del niño al empezar la época escolar, pues sus propias experiencias se reflejarán en una actitud a medida que pase de un curso a otro.

Una de las cosas más interesantes que podemos hacer los padres realmente preocupados por nuestros hijos es desarrollar en ellos actitudes positivas ante la escuela. Si esto se combina con el sentido de la responsabilidad, se habrá preparado al niño, quien tendrá excelentes oportunidades de triunfar en la escuela.

Éxito escolar

El éxito en la escuela depende de la capacidad del niño para pensar o razonar, y no necesariamente de lo que pueda recitar de memoria. Si el niño sabe pensar con eficacia, el proceso de aprender hechos y números se produce de una forma automática, siempre y cuando se enseñe debidamente. Los niños que saben pensar poseen una ventaja especial en la escuela, y los padres pueden ayudar a desarrollar está técnica.

No hace falta ser educador o psicólogo para ayudar a los hijos a aprender a pensar de una forma que contribuya a que tengan éxito en la escuela. Uno de los pasos más importantes para desarrollar la estrategia de reflexión es la comunicación. La forma de comunicarse con los hijos y el lenguaje que se utiliza en la casa contribuirán a enseñar a los niños a pensar.

Los niños a los que se les habla y se les escucha con respeto por su inteligencia cuando son pequeños suelen pensar mejor cuando se hacen mayores. Esto no significa que haya que hablar a los hijos en términos académicos o eruditos, pero sí con frecuencia, dedicando tiempo a explicar detenidamente las cosas que no se entienden y a escucharlos. Lo más importante consiste en no subestimar su capacidad para comprender lo que se les dice. Se trata de animar a los niños a que hablen de lo que piensan, y así se les ayudará a aprender a pensar.

Resolver problemas

Cuando el niño ha aprendido a comunicar sus necesidades y a decir a los padres lo que quiere que éstos sepan, habrá llegado el momento de enseñarle a pensar. Una de las cosas más importantes que pueden hacer los padres es alentar al niño a resolver problemas por sí solos. La capacidad de pensar va precedida por la capacidad de resolver problemas eficazmente. El niño aprende dicha estrategia por el método clásico, el de la prueba y el error, y con él obtiene experiencia. La tarea de los padres consiste en guiarle con la comunicación, analizar lo que hace, aclarar lo que desea y ayudarle a valorar sus recursos y los resultados que obtenga. Pedir al niño que realice ciertas tareas y que cumpla determinadas normas resulta beneficioso para que desarrolle la capacidad de pensar, porque en este proceso tiene que resolver problemas. Se ayuda al niño a aprender a pensar con el mismo proceso con el que se ayuda a ser responsable. Ésta es una de las razones por las que existe una estrecha correlación entre el sentido de la responsabilidad del niño y su éxito en el colegio.

El niño aprende en gran parte a resolver problemas al observar cómo lo hacen sus compañeros. Si éstos enfocan un problema complicado a una situación complicada con una actitud de frustración o cólera, lo más probable es que el niño desarrolle la misma actitud. Conviene dedicar tiempo a explicar al niño cómo se va a resolver un problema, de modo que él aprenda a hacerlo. Si se desea que desarrolle una forma de pensar analítica y pragmática, los padres debemos dar ejemplo adoptando el mismo método.

Estrategias básicas

El éxito en la escuela requiere una serie de estrategias que pueden aprenderse y reforzarse en casa. A continuación ofrecemos una lista:

Escuchar es algo que se puede enseñar al niño insistiendo en que preste atención a lo que se le dice y prestando atención a lo que él dice.

La perseverancia es algo que el niño aprenderá cuando los padres exijan que termine lo que ha empezado y que insista aunque las cosas le resulten difíciles.

La atención al detalle se aprende al aclarar las normas, al enseñar al niño a hacer las cosas bien y a guiar su actuación con firmeza y justicia.

La sociabilidad consiste en llevarse bien con los demás. El niño aprende a ser sociable al mantener relaciones ricas y satisfactorias con personas de distintas edades y circunstancias. Se le debe ofrecer esta oportunidad con la mayor frecuencia.

La confianza se aprende cuando el niño está rodeado de personas fiables, personas que hacen promesas y las cumplen, que no le transmiten información falsa ni le mienten. Si el niño no aprende cuándo puede confiar en un adulto y cuándo no, le resultará difícil confiar en sus profesores y aceptar lo que le dicen.

La flexibilidad es un atributo que posee el niño cuando vive experiencias amplias y variadas. No hace falta que los padres sean ricos o cultos para proporcionar a sus hijos una amplia gama de experiencias infantiles adecuadas.

En casa

Los padres podemos hacer muchas cosas en casa antes de que el niño llegue a la edad escolar: hablar durante las comidas, hacerle preguntas a los hijos, alentarlos a que "digan más". Cuando esto ocurra, hay que dejar que el niño sea el centro de atención y darle suficiente tiempo para decir lo que le pasa por la cabeza y expresar las propias opiniones libremente.

Es muy probable que los niños a cuyos padres les gusta leer disfruten con la lectura. La relación entre esta actividad y el éxito en la escuela salta a la vista. Es fundamental que en casa haya numerosos libros, revistas y periódicos; establecer horas de lectura para el niño e insistir en que éste deje tiempo a los padres para hacer lo mismo. Crear valores positivos en torno a la lectura resulta muy útil a la hora de fomentar la estrategia de reflexión en el niño. Leer en voz alta ante él no sólo resulta beneficioso, sino entretenido.

Pensar correctamente

Primero debemos tener claro que la responsabilidad se va adquiriendo lentamente, poco a poco a través de los años. Entendemos "educar para la libertad" como el proceso mediante el cual ayudamos a que nuestros hijos desarrollen y afiancen las herramientas y competencias necesarias para tomar sus propias decisiones adecuadamente y con responsabilidad.

¿Qué elementos ayudan en la educación para la libertad?

Fortalecer la voluntad. Enseñar a los hijos a dominarse frente al abanico de "ofertas" del medio ambiente. Solamente puede ser libre quien es dueño de sí mismo y no está sometido a sus impulsos y manías, a los caprichos y deseos sin límites.

Estimular la responsabilidad. A través de dar responsabilidades a los hijos de acuerdo a su edad, como también de "pedir cuentas" de ellas.

Por ejemplo, encargar alguna tarea doméstica el fin de semana, revisar a diario sus cuadernos y realizar tareas, solicitar a tiempo materiales para la escuela y no a última hora, leer por sí mismo los libros complementarios, llamar o solicitar cuadernos para ponerse al día si han faltado, etcétera.

No admitir disculpas sin fundamento (no me di cuenta, se me olvidó, él tampoco lo hizo...) Y sobre todo no permitir que delegue su responsabilidad en otros (no nos explican bien, él me dijo, no me avisó...).

Los padres no debemos asumir las consecuencias de la irresponsabilidad de los hijos justificándolos en cuanto a los trabajos, materiales, inasistencias, etcétera.

Promover decisiones personales. En diferentes aspectos que no revistan peligro ni físico ni psicológico para ellos, dejemos que elijan y aprendan a distinguir lo que es acertado o no. Démosles espacio y que sientan que confiamos en ellos. Lo mejor será permitirles que elijan dentro de ciertos márgenes; por ejemplo, su ropa dentro de cierta gama de posibilidades de estilos para su edad, de precios, etc. Que pueda elegir su actividad extra-programática, comprometiéndose con ella una vez elegida. Podrá decidir la hora de hacer sus tareas, entre ciertos horarios adecuados y respetarlos, etcétera.

Promover la reflexión. Hay que ayudarles a buscar la verdad, a pensar correctamente meditando sobre su actuar y sus consecuencias.

¿Cómo favorecer la reflexión?

Dar y exigir razones de las conductas, criterios y comportamientos. ¿Por qué piensas que...? Es mejor esto por estas razones... Me parece mejor esto porque...

Ayudarles a precisar el lenguaje y el pensamiento: ¿Qué quieres decir con...? Explícame qué quieres decir con...

Analizar con ellos lo que otros hacen o dicen a propósito de programas de TV, películas, hechos noticiosos. ¿Qué piensas de lo que dijo...? ¿Te parece normal esa escena...? ¿Crees que ese personaje actúa correctamente...? ¿Estas de acuerdo con...?

Ayudarles a no pensar precipitadamente. Cortar una discusión o una decisión diciendo "piénsalo bien... ya hablaremos más tarde de esto..."; "pensémoslo mejor y luego volvamos a conversar".

En esta tarea hay que evitar al máximo estas dos actitudes negativas:

Al otorgar gran libertad a los hijos sin exigir nunca cuentas del uso de la libertad, "dejarlos sólo ser", se corre el riesgo de formar hijos con tendencias anárquicas o débiles de voluntad.

Por el contrario, al empeñarse en hacer hijos excesivamente responsables sin permitirles el uso de la libertad y asumir responsabilidades por sí mismos se corre el peligro de formar hijos sumisos, pero dependientes y sin autonomía.

Siempre debemos tener presente que cada hijo es un ser único, especial y no comparable con otros hijos o niños. El amor que les tenemos debe ser nuestra brújula y ayudarnos a señalar el norte. Como padres es bueno actuar teniendo en cuenta las teorías y los estudios que la psicología y orientación nos proporcionan; pero, además, usar el sentido común o la intuición, que nos abren caminos y espacios. El conocer profundamente a los hijos e hijas será la puerta que nos lleve a encontrar los mejores caminos para guiarlos con sabio amor.

Si un hijo vive en la crítica,
aprende a condenar.
Si un hijo vive en la hostilidad,
aprende a agredir.
Si un hijo vive en la ironía,
aprende a ser tímido.

Si un hijo vive en la vergüenza,
aprende a ser culpable.
Si un hijo vive en la tolerancia,
aprende a ser paciente.
Si un hijo vive en el estímulo,
aprende a tener confianza.

Si un hijo vive en la lealtad,
aprende la justicia.
Si un hijo vive en la disciplina,
aprende a tener fe.
Si un hijo vive en la aprobación,
aprende a asegurarse.
Si un hijo vive en la amistad,
aprende a encontrar el amor en el mundo.

Amigos

Así como los niños escogen sus propios amigos, ellos también buscan los intereses en común, entendimiento, aceptación, entretenimiento y liderazgo. Ellos pueden escoger amigos que a usted le agraden, pero también algunos con los que usted no esté de acuerdo. Y aunque le guste o no, normalmente los niños le dan más importancia a los amigos que a la familia.

Es fácil preocuparse por el tipo de amigos que sus hijos conocen y de la influencia que ellos ejercen. ¿Cómo mantiene una relación con sus hijos adolescentes y establece relaciones con los amigos de ellos? Y sobre todo, ¿cómo ayuda a sus hijos a escoger buenos amigos?

Casi tres de cada cuatro adolescentes dicen que son buenos haciendo amigos y manteniendo la amistad con ellos.

Los amigos tienen mucha influencia en las vidas de nuestros hijos. Esa influencia se incrementa a través de la adolescencia.

Al mismo tiempo, las mamás y los papás mantienen su importancia. Incluso, los estudiantes de secundaria dicen que sus padres ejercen mucha influencia en sus vidas y decisiones.

Los amigos regularmente ejercen influencias positivas. De hecho, el 65% de los adolescentes dice que sus mejores amigos se comportan responsablemente.

Poseer valores

La influencia positiva de los amigos es un valor clave para el desarrollo que los jóvenes necesitan en sus vidas para tomar decisiones positivas. Especialmente cuando se trata de tomar alcohol a temprana edad. Estos métodos nos hacen ver que los amigos son valiosos y que la presión del grupo puede ser positiva o negativa.

Bienvenidos amigos. Haga de su casa un lugar en donde a los amigos de sus hijos les guste pasar el tiempo (una merienda y unos refrescos en el refrigerador siempre ayudan); trate de conocerlos cuando ellos estén relajados y dispuestos a conversar.

Preguntar cosas que a ellos les interese. Averigüe de qué disfrutan los amigos de sus hijos. Descubra qué les gusta de sus amigos y sus familias a sus hijos. Y exprese lo que a usted le gusta.

Motivar la diversificación de amigos. Entusiasme a sus hijos para que conozcan jóvenes de diferente bagaje cultural y perspectivas. Esto les enseñará a conocerse mejor y a apreciar la gran diversidad que nos ofrece la sociedad.

Supervisar las amistades. Fíjese con qué amigos pasan más tiempo sus hijos. Evite criticar las amistades que pueden parecer negativas, pero sea honesto cuando esté preocupado. Y recuerde que sus hijos pueden ejercer una influencia positiva en otros niños que estén con problemas.

Permanecer calmado. Si usted tiene preocupaciones, expréselas calmada y abiertamente. Escuche bien las opiniones de sus hijos antes de emitir juicios.

Establecer limitaciones. Si sus hijos quieren pasar todo el tiempo con sus amigos, hágale saber que también tienen que pasar tiempo en su hogar, con la familia.

Proteger la salud y el bienestar. Algunos amigos potenciales pueden ser peligrosos para sus hijos. Ellos no lo pueden reconocer. Esto incluye a los amigos que fuman, toman o usan drogas. También puede haber gente que trate de aprovecharse de sus hijos. Sea claro y dígales que no pueden andar con ese tipo de personas y ayúdelo a él o ella para que desarrolle habilidades y estrategias para rehusar aquellas cosas que se le ofrecen. Por ejemplo, enseñe respuestas directas como "yo no hago estas cosas" o "no gracias, así estoy bien".

Mantener una perspectiva. Los niños y adolescentes estarán en contacto con una gran cantidad de amigos. Algunas de estas amistades, de corto plazo, pueden ponerlo nervioso. Esto es un proceso normal del crecimiento. El hablar con sus hijos acerca de sus amigos y valores les ayudará a desarrollar habilidades para evaluar esas amistades y poder concentrarse en fomentar las más sanas.

Buscar apoyo. Conozca a los padres o a las personas encargadas de los amigos de sus hijos. Regularmente, usted encontrará que ellos comparten sus valores y prioridades y que pueden trabajar juntos para que la amistad sea positiva para todos.

Malas compañías

Un reconocido educador en asuntos de padres hizo una lista de todas las preguntas difíciles que los padres han estado haciéndole acerca de sus hijos jóvenes. Él notó que de todos los asuntos que están molestando a los padres, la preocupación numero uno es qué hacer acerca de las malas amistades. Esta pregunta fue mencionada dos veces más seguido que la siguiente más común preocupación.

Este educador hizo luego un muy interesante experimento. En el momento en que él estaba trabajando con un número de jóvenes problemáticos, muchos de estos jóvenes fueron aislados por sus familias. Algunos de ellos habían resuelto sus dificultades y estaban ya en el proceso de hacer la paz con sus padres.

Él preguntó a estos jóvenes: "¿qué debo decirle a los padres para que sus hijos no tengan los problemas que ustedes están teniendo?"

Él pidió su consejo sobre un número de asuntos que los padres estaban encontrando dificultosos. En general, estos jóvenes tuvieron muy buenos consejos. De cualquier manera, cuando les preguntó qué hacer acerca del tema numero uno que estaba causando problemas a los padres sobre sus hijos jóvenes, ninguno de ellos tuvo nada que decir.

Luego, preguntó a estos jóvenes qué es lo que los colocó en problemas. La respuesta número uno fue los malos amigos. Entonces el asunto número uno que preocupa a los padres acerca de sus hijos jóvenes es los malos amigos. La causa número uno de los jóvenes que caen en problemas son los malos amigos. Y la respuesta que estos jóvenes dieron sobre cómo ayudar a los padres a manejar este tema fue: "no hay nada que los padres puedan hacer".

Razones

Una razón por la que los padres no pueden separar a su hijo de un mal amigo es que el amigo a menudo tiene una relación más fuerte. Cuando un hijo es pequeño, sus padres son la mayor influencia en su vida. Cuando el niño entra en la adolescencia un cambio ocurre.

Una parte natural del crecimiento esta separándose de los padres y creando lazos fuertes con sus similares. Esto es normal. Si el lazo padre-hijo es sano, los niños eventualmente renovarán sus lazos con sus padres. Esto ocurre al final de la juventud o comienzo de los veinte años. Pero, a través de la mayor parte de la adolescencia, un niño normal es más cercano a sus amigos que a su familia.

Una segunda razón por la que los padres encuentran muy difícil separar a sus hijos jóvenes de los malos amigos es que, para ponerlo simple, usted no puede separar lo que no puede reemplazar. Los padres no pueden reemplazar a los amigos de sus hijos.

Existe muy poco que usted puede hacer para separar a su hijo de los malos amigos y las malas influencias una vez que ellos alcanzan sus años de juventud.

De cualquier manera, existe un número de estrategias de qué no hacer. Si usted sigue estos pocos principios, le ayudarán a salir de la tormenta y minimizar los problemas.

Qué hacer

Si su hijo esta perteneciendo a un mal grupo, su poder sobre él es poco o nulo. La última cosa que usted debe hacer es adquirir un enemigo. Si usted hace un ataque personal contra el amigo de su hijo, eso es exactamente lo que va a conseguir: un enemigo jurado. Este enemigo estará ahora fuera para atraparlo y, seguramente tiene más influencia en su hijo que usted.

No ayudará decirle a su hijo que no le diga a su amigo. Si usted ensucia al amigo de su hijo, esta persona sabrá sobre eso en minutos u horas después de que sus palabras dejen su boca. Usted habrá hecho un enemigo de por vida, en un momento en que usted necesita cada aliado que pueda conseguir.

Esto no significa que usted no pueda criticar el comportamiento. Es justo y razonable decir a su hijo que usted no está de acuerdo con la clase de cosas que su amigo está haciendo. De cualquier manera, no haga un ataque personal. Una vez que haga eso, usted se colocará en una batalla en la que casi ciertamente perderá.

Ayuda

Como parte del crecimiento, su hijo está intentando separarse de usted y construir su propio camino en la vida. Esto es normal. Aun así, esta necesidad de separarse sólo lo involucra a usted. No involucra a otros adultos. Esto le da a usted una oportunidad para influir indirectamente en su hijo.

Usted debe intentar encontrar un adulto o un joven mayor y responsable que pueda cultivar una relación con su hijo. Puede ser un miembro de su extensa familia o alguien en su comunidad. Usted puede hacer que esta persona mantenga contacto con su hijo e intentar dirigirlo cuando sea posible.

Su hijo estará confiando en alguien. Es mucho mejor si puede conseguir que sea un adulto o un joven mayor en cuyos juicios usted confía. La mayoría de los jóvenes sólo confía en sus amigos.

Si su hijo aún es pequeño, usted debe tomar la oportunidad para intentar establecer una relación con alguien mayor mientras todavía tiene influencia. Estas son personas que nuestros hijos respetan y, aunque no los necesitemos aún, sabemos que podemos confiar en ellos si las cosas se vuelven amargas.

Conocer a sus amigos

Este es un consejo muy atrevido, pero normalmente trabaja bien. Usted debe conseguir conocer a los amigos de sus hijos personalmente. Un número de buenas cosas pueden salir de esto.

Usted puede encontrar que los muchachos con quien su hijo se asocia realmente no son tan malos como lo demostraba su impresión inicial. Los años de la juventud son difíciles para todos. Todos los niños tienen dificultades. Es muy posible que usted pudiera encontrar que los amigos de sus hijos son básicamente buenos muchachos y que están pasando por tiempos difíciles.

Aquí está cómo usted puede hacerlo. Escoja un evento, como el cumpleaños de su hijo o el final del año escolar, o alguna otra ocasión especial. Dígale a su hijo que usted quiere llevarlo a él y a cuatro o cinco de sus amigos a cenar fuera para celebrar. Llévelos a un restaurante. Si usted va estar avergonzado por ser visto con ellos, llévelos a algún lugar lejos de su casa. No tiene que avergonzarse usted mismo, pero debe ser delicado sobre eso.

Ganancia

Podría encontrar que usted juzgó mal a estos muchachos.

Le estará dando a su hijo el mensaje de que, desde que ellos son sus amigos, usted los recibe bien. Les estará dando a los amigos de su hijo el mismo mensaje. Dependiendo de su propia situación usted podría ser el único adulto en sus vidas que los está tratando como personas.

Usted estará adquiriendo cuatro o cinco aliados que están en una muy fuerte posición para ayudarlo en el momento en que más los necesite.

Su joven hijo va a escoger sus amigos. Existe muy poco que usted pueda hacer en esta edad para influenciar sus decisiones. De cualquier manera, si usted se acerca al problema con sabiduría, existe un número de formas por las cuales usted puede influir indirectamente en su hijo y ayudarlo a estar alejado de los problemas.

Metas elevadas

"Si aspiras a cien obtendrás ochenta", dice un sabio refrán oriental. Es corriente que las expectativas de logro de una persona se vean reducidas cuando alcanza sus metas. Los obstáculos, las circunstancias y las limitaciones de distinto tipo son como la fricción del aire que le quita velocidad a un cuerpo en movimiento.

Por eso, para lograr cien, hay que aspirar a ciento veinte, por lo menos...

De este planteamiento tan sencillo se puede derivar el éxito profesional de un estudiante.

Si, desde pequeño, sus padres le plantean metas altas, él irá rompiendo las barreras de temor, subvaloración, desconfianza, pereza, fracasos... para ir convenciéndose de que puede lograr metas altas y no vale la pena esforzarse por menos.

En el caso de la universidad hay varias metas que se pueden ir planteando para apoyar el camino hacia un título profesional.

Tratar de ser el mejor estudiante posible. Si se puede ser el primero, no conformarse con el segundo. Si se tiene capacidades para estar entre los diez mejores, lograrlo.

Al hacer los trabajos académicos, las tareas, los ensayos, los exámenes, las exposiciones, tratar de presentar lo mejor. No conformarse con mediocridades para "salir del paso".

Valorar lo intelectual evitando calificativos que degraden la inteligencia. Enseñar que "nerds" o "ratones de biblioteca" no son más que apodos surgidos generalmente de la envidia y la ignorancia.

En la vida diaria, darle al estudio el primer lugar en importancia como responsabilidad al joven. Exigir resultados y motivar los logros.

Vivir diariamente la responsabilidad en todo lo referente a la escuela. No hay excusas para no llevar las tareas o para no leer y estudiar en casa cuando toca.

Aunque en la familia haya pocos o ningún profesional, mostrar esa meta como algo valioso y posible de alcanzar por el estudiante. Siempre habrá un primer profesional en la familia y es mejor ser graduado de universidad que empírico.

Darle importancia a programas y actividades que favorezcan la mejora intelectual. No tener miedo de asistir a conciertos de música clásica o exposiciones de arte, museos o ferias de ciencia.

Conversar con frecuencia sobre la diferencia de ingresos en todos los años de trabajo entre un graduado de la Universidad y alguien que no lo es. Ponerle cifras a la información, ayudará a evitar lo inmediato.

Insistir en que terminar la preparatoria es sólo un paso para comenzar la etapa más definitiva en la vida de una persona: su formación superior.

Explicar cómo los casos de comerciantes exitosos que surgieron con puro instinto de negocio y sin educación, son excepcionales y cada vez más difíciles de encontrar.

Muchas veces, los padres se pueden sentir intimidados para exigir a sus hijos algo que ellos no lograron. "¿Cómo le exijo que piense en ir a la secundaria, si yo escasamente terminé la primaria?", puede pensar un padre que no tuvo más oportunidades. Sin embargo, este es un obstáculo ficticio que hay que derrumbar. El padre que no pudo tener una mejor educación no debe limitar a su hijo a su misma falta de preparación. Todo lo contrario, porque le ha tocado vivir la vida dura de no tener una profesión universitaria, podrá exigir sin temor que su hijo se prepare mejor.

En la medida en que los padres estimulen, motiven y exijan a sus hijos a buscar una educación superior, estas metas se harán más "comunes" en el hogar y se verán más probables de alcanzar.

El respaldo que los padres den a las aspiraciones altas de los hijos será un gran apoyo para alcanzar esas metas.

Lo mejor para ellos

Hay un común denominador que nos une en nuestro papel de padres, y es que queremos "lo mejor para nuestros hijos". Pero nos preguntamos, ¿qué es lo mejor? No sólo tiene que ver con nuestra responsabilidad de padres, sino también con nuestra manera de proyectarnos, de sostener nuestra ejemplaridad. ¿Sabemos qué es lo mejor?

El tema es más profundo de lo que se observa en apariencia y tiene que ver con lo que hace al hombre una persona humana: ¿qué sentido quiere darle a su vida? Pero, ¿a qué nos invita nuestra sociedad actual?: a que los logros deberán ser rápidos, inmediatos, así como la manera de obtenerlos y de consumirlos. Todo esto nos lleva a la confusión entre lo aparente y lo esencial, y, en esta locura que vivimos cotidianamente, terminamos conformando nuestra manera de pensar o de creer, a partir de nuestra manera de actuar.

¿Qué es lo mejor para nuestros hijos? Gran dilema del hombre actual que quizá no es propio de nuestra sociedad, sino de nuestra esencia humana, ya que el mismo Aristóteles proponía gobernar nuestra manera de comportarnos y de sentir "políticamente" a partir de nuestras creencias, ideales y valores que protegemos.

¿Aspiramos a lo mejor para ellos? Sabemos que nuestros hijos nacieron indefensos, como pocos seres de la naturaleza, y que necesitan de nuestra ayuda para crecer y desplegar todas sus capacidades humanas al máximo de su potencial para "hacerse personas", por lo tanto necesitan una educación. Son libres, pero no simplemente por su capacidad de libre albedrío, sino por su potencial libertad interior, que los llevará a cumplir determinados deberes a los que sólo podrán dar respuesta cuando se vean motivados por los valores y los busquen para hacerlos propios. Podrán lograrlo a través de la voluntad, como motor no sólo para adquirirlos, sino para aspirar a ser mejores, con grandes y pequeños sacrificios, y con constancia.

¿Sabemos que es lo mejor? Una visión nos plantea que somos seres que nacemos, crecemos, nos desarrollamos y morimos, ¡y en qué manera somos mucho más que eso! La vida de nuestros hijos tendrá sentido a partir de esos valores o creencias que orienten su proyecto personal de vida; proyecto que no podrá ser solitario, basado en la comodidad, en su mundo individual, en sus gustos, sino que debería ser solidario, abierto a los demás, y basado en principios relacionados con su dignidad, con aquellos valores permanentes, perennes e inalterables.

¿Buscamos lo mejor para nuestros hijos? Vivimos en una sociedad que nos habla del presente como el tiempo en el que hay que centrarse, y cuando hablamos de personas abiertas a conseguir su propio desarrollo, vemos esta falta de conciliación con la esencia humana y el presente inmediato. De esta manera, nuestros hijos nunca podrán sentirse satisfechos. Sólo a través de la voluntad podrán abrirse a esos valores para interiorizarlos, para hacerlos personales.

¿Queremos lo mejor para nuestros hijos? Educar su propia humanidad implica que conozcan sus limitaciones y sus fortalezas para que puedan comprometer su libertad personal y así alcanzar la madurez para poder brindarse al prójimo, a la sociedad, al otro. Viéndolo de este modo, la vida personal no sólo tiene un sentido, sino que se la vive como una prueba ética, como un desafío que nos motiva a dar reto a nuestros pensamientos, nuestro corazón y, por ende, a nuestra propia voluntad.

¿Queremos lo mejor para nuestros hijos?, pero ¿qué es lo mejor? Bajo esta perspectiva, lo sería la búsqueda incesante por la excelencia; una excelencia que no se encuentra en las cosas, ni en los bienes, ni en los logros profesionales, sino en las personas y en sus valores: las virtudes. Esas que se nos muestran como valiosas, como dignas de imitación. Para ello, tenemos que estar abiertos a una continua superación. Que no se halla sólo en las cosas grandes, sino también en las pequeñas de todos los días, en nuestros quehaceres, a los que, en muchos casos, la rutina los desmerece, cuando no se pone amor en lo que se hace. ¡Otro gran desafío!

¿Cómo darles lo mejor a nuestros hijos? Por un lado buscamos que no sufran y, por el otro que triunfen y que alcancen las metas elevadas que se proponen. Si bien son muy importantes los logros que obtengan nuestros hijos, lo verdaderamente significativo es la autoexigencia que empleen. Ambos elementos, excelencia y exigencia, están íntimamente relacionados. Pero nada de ello sería posible, si no hay fuerza de voluntad, "si no hay esfuerzo", ya que lo valioso en la vida no se consigue de modo espontáneo ni inmediato.

¿Cómo se busca lo mejor para nuestros hijos? El hombre sólo trasciende más allá de él mismo cuando aspira a alcanzar aquello que valora, que está por encima de él, que lo obliga a superarse, que lo trasciende, factor esencial para la ejemplaridad paterna.

¿Seguimos aspirando lo mejor para nuestros hijos? Pensémoslo.

Formación del carácter

Conseguir que nuestros hijos sean disciplinados y obedientes ha sido siempre un punto central en toda labor educativa. Hoy en día, por una serie de circunstancias, es una tarea difícil, incluso podríamos decir que, en determinadas situaciones, se aprecia más que haya en vez de hijos obedientes, padres obedientes a las sugerencias y caprichos de los hijos.

Todos sabemos hasta qué punto un niño o adolescente puede "tiranizar" y desajustar la convivencia familiar, aunque paradójicamente es difíci que un niño —incluso un adulto— que haga lo que quiera puede sentirse feliz y sereno. Los niños y los adolescentes, por su propia seguridad, puesto que no poseen la experiencia y sabiduría necesarias, deben sentir que sus padres son los que mandan.

Si echamos una ojeada al mundo actual en determinados ambientes, parece que el empeño de muchos es poner el acento en la necesidad de libertad de los niños y adolescentes. Tal necesidad es algo en sí mismo incuestionable, puesto que sin libertad no puede desarrollarse una persona ni mucho menos alcanzar su madurez.

Sin embargo, se hace patente que, de tanto querer "liberar" a los hijos de la "opresión" de sus padres, se ha llegado a la situación contraria: un abuso de libertad que roza los límites del libertinaje. Se les deja hacer lo que quieren "lo que les apetece", y todo aquello que se oponga a los deseos espontáneos de los niños —léase normas de la sociedad, autoridad paterna, etc.— es tachado incluso por la literatura del momento o las películas de las series que tanto les gusta como "condicionamiento asfixiante" o "represión autoritaria".

A fuerza de centrarse en este aspecto, se ha descuidado otro no menos importante de la educación que es la necesidad de seguridad, sobre todo en periodos claves del desarrollo como son la infancia y la adolescencia. En efecto, es un noble empeño querer la libertad de los hijos, pero hay que darse cuenta que les es indispensable un mando, unas reglas fijas, una obediencia; porque también necesitan sentirse seguros frente al medio ambiente que les envuelve.

Por otro lado, nuestros hijos estarían haciendo un triste uso de su libertad si no se dieran cuenta que junto a la suya propia se encuentran las libertades de los demás: padres, hermanos, amigos, profesores, etc., merecedores también del mayor respeto.

Los niños y los adolescentes, por su propia seguridad, puesto que no poseen la experiencia y sabiduría necesarias, deben sentir que sus padres son los que mandan.

Por eso, hablar hoy de obediencia en determinados ambientes resulta chocante, incluso inútil o inadecuado para la educación actual. La razón es sencilla y responde a una filosofía equivocada.

Hasta hace pocas generaciones, a los hijos no se les otorgaba la libertad de expresarse y de mostrar su individualidad, lo que respondía a modelos de educación autoritaria; a los niños no se les permitía compartir el mundo adulto en la misma medida que ahora lo hacen.

Más tarde, se pasó al otro extremo: comenzó una etapa en la educación que tenía como panacea la permisividad, basándose en que a los niños no debía inhibírseles por las frustraciones y traumas que podrían sufrir.

La necesidad de autoridad está, pues, más que comprobada. Transigir en este terreno es hacer un flaco servicio a la formación de nuestros hijos, tampoco resulta eficaz repetir una y otra vez: "en nuestros tiempos era distinto". La transigencia pone a los chicos en una situación difícil y desorientada. Entretanto, las órdenes deben ser cumplidas, lo mismo que el padre obedece a su jefe en la oficina y la madre hace las tareas del hogar aunque no tenga ganas.

Es verdad que los tiempos han cambiado, las circunstancias familiares también, y la sociedad a la que se están enfrentando nuestros hijos no digamos. Por tanto, se impone una nueva reflexión sobre qué es la obediencia y cómo adaptarla a nuestros días.

Deberíamos distinguir tres tipos de obediencia:

Obediencia refleja. Simple ejecución exterior de una orden: ¡firmes! en el contexto militar, o cuando le decimos a nuestro hijo: ¡siéntate! No interviene casi la voluntad, es simplemente un acto reflejo.

Obediencia voluntaria. Presupone un cierto interés por parte del sujeto e intervención del razonamiento, aunque supone simplemente la ejecución de una orden. Por ejemplo, cuando mandamos a un hijo que recoja la mesa o que lleve un recado a la abuelita. Además, creo que debemos distinguir otro aspecto de la obediencia, que es la obediencia reflexiva. Esta supone sumisión del propio juicio, que no se hace por temor al castigo, sino que el sujeto actúa por convencimiento y lealtad.

Esta es la auténtica y deseable obediencia porque se trata de "aceptar, asumiendo como decisiones propias las de quien tiene y ejerce la autoridad, con tal de que no se opongan a la justicia".

Por ejemplo, si decimos a nuestro hijo que debe llegar el viernes a las once de la noche, él lógicamente no estará de acuerdo, pero asume esa orden porque se somete a la autoridad de sus padres, es más, procurará arreglárselas para estar en casa con puntualidad y si alguna vez transgrede la norma pedirá disculpas, llamará por teléfono si se retrasa diez minutos, etc. Otro ejemplo menos trascendente: si le mandamos ordenar su cuarto no sólo lo hará, sino que pensará la mejor forma de hacerlo. Este es el tipo de obediencia que debemos fomentar.

Éxito

Como padres que somos, enviamos a nuestros hijos a la escuela en espera de que regresen con una tarjeta de calificaciones llena de "dieces". Todo padre desea que su hijo sea un alumno de éxito, pero no todos saben cómo fomentarlo. La clave reside en lo que hacen los padres cuando sus hijos no están en la escuela. Hay que dar varios pasos en casa para garantizar el triunfo en el aula.

Estimula a tus hijos a que resuelvan problemas por sí mismos. Si los padres están listos para resolver el más mínimo problema que puedan confrontar sus hijos, los chicos no querrán realizar proyectos en la escuela. En vez de precipitarte a ayudarlos, elógialos cuando resuelvan la dificultad por su cuenta (sin embargo, el elogio debe venir sólo si tiene éxito en la solución de una tarea difícil. El encomio por cada logro no los estimulará a enfrentar nuevos retos). Si no pueden resolver un problema de matemáticas, no les muestres la respuesta, sino impúlsalos a probar un método diferente para solucionar la ecuación.

Enséñale a tu hijo a dividir grandes tareas en pequeños pasos. Un estudiante que pueda separar la limpieza de su dormitorio, en la ropa para lavar, tender la cama y pasar el plumero, podrá llevar a cabo posteriormente proyectos importantes, como reportes de libros y carteles para la feria de Ciencias en clase. No te olvides de premiar al niño por comenzar temprano un proyecto y organizar el tiempo debidamente, comprándole un libro nuevo o llevarlo a tomar un helado. La adquisición de esa habilidad ¡impedirá que tenga que estar despierto hasta altas horas de la noche para terminar una composición o ensayo en el bachillerato y la universidad!

Finalmente, deja que el niño asuma la responsabilidad de sus propios errores. Si el maestro te dice que tu "angelito" habla demasiado en clase o no entregó a tiempo la tarea, no trates de defenderlo. Pídele a tu hijo que te cuente su versión de la historia y, si es cierto lo que dijo el maestro, déjalo que acepte las consecuencias de sus actos, lo cual le ayudará a actuar más responsablemente en el futuro.

La escuela, una prioridad. Los padres que desean hijos con alto rendimiento académico deben enseñarles la gran importancia que reviste la escuela. La mejor manera de inculcarles esta idea es trabajar con el maestro. Entérate de lo que el niño debe ser capaz de hacer al final del curso y ayúdalo a alcanzar esos objetivos. Envíale mensajes electrónicos al maestro periódicamente para saber cómo marcha el niño, y que éste sepa que hay contacto constante entre tú y el maestro. También asegúrate de que el niño tenga un "espacio para hacer tareas" en casa. Debe consistir en una superficie para escribir, ubicada en una zona tranquila de la casa, alejada de cualquier distracción. El niño necesitará bolígrafos y lápices, hojas rayadas y lisas, una calculadora y un diccionario. Su espacio de estudio debe estar alejado del televisor y el teléfono, pero cerca de ti, en caso de que necesite ayuda. Deja que el niño decore este espacio especial a su gusto. Luego, decide la cantidad de tiempo que debe reservar para hacer la tarea cada noche. El establecimiento de un horario regular le ayudará a crear una rutina. Incluso si no tiene tarea en una noche determinada, estimúlalo a que use el tiempo disponible para leer o terminar problemas adicionales.

Mientras más se acostumbre a trabajar cada noche, más fácil le será terminar sus tareas.

Finalmente, asegúrate de concentrarse en lo que el niño aprende, en vez de estar tan pendiente de las calificaciones. Si bien estas últimas pueden ser una medida del éxito, es más importante que el niño adquiera buenos hábitos de estudio y nuevas destrezas. Concentrarte en las calificaciones puede inclinarte a la tentación de "ayudar" demasiado al niño en sus tareas y proyectos. Hazle saber que estás orgulloso de sus progresos y con toda seguridad llegarán las buenas calificaciones. En breve, ¡tu hijo será un alumno estrella!

Pasos para obtener el éxito

Creer en ustedes mismos, en su capacidad como padres, y en tu hijo, a quien conoces mejor que a nadie.

Amar a tu hijo de manera incondicional. Evitar poner condiciones a su amor, como, por ejemplo, demostrarle amor sólo como reacción a su estrés o a sus logros. Que tus hijos sepan que son amados por sí mismos, no por lo que hacen o por lo bien que realizan sus tareas.

Demostrar afecto abiertamente a tu hijo. Eso le ayuda a entender y a "sentir" mejor tu amor y tu respeto.

Demostrar a tu hijo, por ejemplo, que divertirse es una parte importante de la vida. Dejar las preocupaciones de la enseñanza a la escuela y a sus profesionales.

Animar a los hijos a guardar un equilibrio entre el trabajo, el juego y el descanso. Eso realza los objetivos de la vida y ayuda también a aliviar la ansiedad.

Prestar más atención a las sencillas actividades diarias de la vida y menos a los objetos materiales y a los logros.

Ser comunicativos con tus hijos de manera amorosa a través de las miradas, la palabra, las caricias, y hacer cosas concretas con ellos. La comunicación efectiva crea un clima de confianza, tanto para los niños como para los padres.

Fomentar en los niños una comunicación abierta, sobre todo respecto a las tareas o a los problemas relacionados con la escuela.

Elogiar los intentos de tu hijo por comportarse con madurez cada vez que se esfuerza. Ignorar todo lo posible cuando no se le de bien.

Fomentar su independencia y ayudarles a pensar por sí mismos. Elogiar los esfuerzos y actos independientes de tu hijo. No hagas por tus hijos lo que saben que ellos pueden hacer solos.

Inculcar la curiosidad en tu hijo. Eso le servirá para toda la vida. La curiosidad ayuda a los niños a sentirse satisfechos consigo mismos y con su mundo. Los sentimientos de angustia interfieren en esta curiosidad natural.

Dejar bien claro lo que esperas de tus hijos. Decirlo de manera sencilla para que no haya malentendidos.

Ofrecer a tus hijos la oportunidad de tomar sus propias decisiones y dejarlos ver las consecuencias naturales de las mismas, aunque a veces no sean las más acertadas. Saber tomar decisiones refuerza la confianza y la independencia.

Tomarse la molestia de contestar a las preguntas de los hijos, aunque parezcan tontas. Eso también fomenta la curiosidad y ayuda a reforzar el lazo entre padres e hijos.

Elogiar todos los valores que demuestren tener tus hijos. Si tu hijo adolescente da una fiesta, por ejemplo, y pone la casa de punta en blanco, alabarle por haber hecho una buena limpieza y por respetar la casa como lugar de orden para todos. Abstenerse de criticarle por lo desordenado que ha sido.

Demostrar a los niños que se tiene fe en ellos. Eso les ayuda a creer en sí mismos y les da valor para intentar nuevas cosas.

Eliminar la crítica y sustituirla con las palabras de aliento.

Recordar que el elogio es válido sólo cuando es sincero. No se debería dar continuamente o al azar.

Valorar a los hijos en términos positivos. Eso protege su ego y les da valor para asumir nuevos riesgos.

Que tu hijo sepa que no esperas de él que sea un genio en el aspecto académico, atlético o social.

No fomentar el perfeccionismo. No es necesario ser perfectos en todo lo que se hace en la vida para alcanzar la felicidad y el éxito.

Guardarse de decir a los niños lo "buenos" o lo "listos" que son. Eso les crea demasiada tensión.

No enseñar demasiado en casa. Eso también crea tensión en los niños. Dejar la enseñanza académica principalmente a los profesores. Los niños quieren que sus padres sean padres, no los profesores de la escuela.

Saber escuchar a los hijos. Escuchar sus necesidades, sus miedos o frustraciones.

Ignorar su mala conducta todo lo posible. En cambio, elogiar el comportamiento positivo.

Procurar no tener conflictos con los hijos, en la medida de lo posible; en cambio, solicitar la colaboración de un hijo en una circunstancia difícil.

Administrar los premios. Cuando un niño con problemas tiene algún pequeño triunfo, los premios muchas veces pueden servir como "pequeños empujones" para que siga intentándolo.

Insistir menos en el castigo. En cambio, aumentar la comunicación verbal sobre el respeto hacia uno mismo y hacia los demás, sobre la propia valía y la unicidad de cada persona.

Dar a los hijos el regalo más precioso: nuestro tiempo. Si la cantidad de tiempo que tenemos que dedicar a nuestros hijos es limitada, cuidar al menos la calidad. Que sepan que el mejor premio que podemos darles no es el dinero ni son objetos: es el tiempo que estamos juntos a propósito.

Proporcionarles experiencias estimulantes. Ellos aprenden algo nuevo de cada experiencia, y cada una de estas experiencias estrecha aún más el lazo entre padres e hijos.

Índice

Introducción 5

Buenos cimientos 7

Autoestima y respeto 13

Hablando con ellos 19

La escuela 23

Fomentar su inteligencia 31

Amor incondicional 41

Aprovechar el tiempo 53

Deseo de aprender 57

Pensar correctamente 67

Amigos 71

Metas elevadas 79

Formación del carácter 85

Éxito 89

Se termino de imprimir en el mes de mayo del 2010
en los talleres de Impresiones y Ediciones Nuevo Mundo.

Ubicada en calle Abasolo No. 15-A
Col. Tepepan, Deleg. Xochimilco.

El tiraje fue de 1,000 ejemplares
México, D.F.